Erwacht

Zwischen zwei Welten

Yannic Prochnow

Impressum

Yannic Prochnow
Spitzsteinstraße 36
DE-83229 Sachrang

anandriel.com
info@anandriel.com

Bildelemente von Shutterstock.com
Lotusblume (Künstlerin: Victoria Gripas)
Hintergrund Nebel Violett (Künstler: getgg)
Bergtor (Künstlerin: Mia Stendal)

Bildelemente von Pixabay.com
Rahmen Gold

Bildelemente von rawpixel.com und Freepik
Trennlinien und Blumenelemente

Bibliografische Information der Deutschen Nationalbibliothek:
Die Deutsche Nationalbibliothek verzeichnet diese Publikation
in der Deutschen Nationalbibliografie; detaillierte bibliografische
Daten sind im Internet über dnb.dnb.de abrufbar.

ISBN 978-3-00-075230-8 (Print)
ISBN 978-3-00-075231-5 (eBook)

WIDMUNG

Dieses Buch widme ich Mutter Erde samt dem Königreich der Tiere und den Kindern der Erde – wir – die Menschheit. Möge das Wesen jedes Lesers Freude finden, Liebe empfangen und diese hohen Vibrationen ins morphogenetische Feld verankern, sodass wir als Kollektiv Heilung erfahren.

Kapitel

Veränderung

Mit jedem Donnerschlag erwacht ein Stück Heimat in mir. Es ist wie Musik, welche die Zellen belebt, den Geist erfrischt und die Entschlossenheit stärkt. Selten habe ich solch ein starkes Gewitter erlebt. Regentropfen, die im Takt auf die Dachziegel prasseln; Windböen, die unsere Hauswand ins Schwanken bringen und Donnerschläge, welche die ganze Umgebung beben lassen. Jeder Blitz, der alle zwei Sekunden einschlug, strahlte in einem hellen Violett und ließ mein ganzes Wesen vibrieren. Wahrlich ein Konzert der Himmelspforten.

Stunden stand ich am Fenster und bestaunte den lichterlohen Himmel. Zwischenzeitlich sah ich eine große männliche Gestalt in den Wolken. Wie ein Zauber umhüllte mich seine Präsenz und erfüllte mein Gemüt mit einer magischen Atmosphäre.

In diesen Nächten lässt es sich am leichtesten denken, da die meisten Menschen im Schlaf verweilen. Dadurch ruhen die Energien des Kollektivs, die tagsüber wild durch die Lüfte schwirren und das Gemüt eines jeden sensitiven Wesens verwirren. Es erfordert Übung und Ausdauer, um von diesem Chaos unberührt zu bleiben und zugleich seine negative Konnotation ins Positive zu transformieren.

Ein Großteil der Gedanken, die in unser Bewusstsein gelangen, sind einem ganz anderen Wesen zugehörig. Oftmals identifizieren wir uns mit diesen Gedanken, nehmen sie persönlich, reagieren auf sie und verstärken dadurch ihre Energie. Gedanken kommen und gehen. Was auch immer einem Individuum nicht als dienlich erscheint, sollte es an sich vorbeiziehen lassen.

Dunkle Energieformen treiben ihr Unwesen und suchen einen Wirt, um ihrer negativen Intention Ausdruck zu gewähren. Diese Energieformen haben keinen Zugriff auf die Schöpferkraft und müssen somit ein Schöpferwesen befallen, um durch Manipulation Chaos zu verbreiten.

Es empfiehlt sich, kritisch mit den Gedanken zu sein, die ihren Weg ins menschliche Bewusstsein finden. Ein Wechsel in die Beobachterperspektive genügt, um Licht ins Dunkel zu bringen.

Nach einer Weile des innigen Nachsinnens sah ich Licht am Horizont. Das Gewitter legte sich, die großen Wolken zogen vorbei und die Sonne beglückte den frühen Morgen mit ihrer herrlichen Strahlung. Es wurde Zeit, ins Bett zu gehen - in wenigen Stunden klingelte bereits mein Wecker.

Ich erwartete einen tiefen Schlaf, doch zu meiner Überraschung geschah etwas vollkommen anderes. Sobald ich meine Augen schloss, zog es mich ruckartig aus meinem Körper und ich sah meine physische Hülle im Bett liegen. Ein eigenartiges Gefühl, sich selbst beim Schlafen zu sehen. Es bestätigte meine Gedanken, dass wir weitaus mehr sind als nur ein physischer Körper. Schon öfters hörte ich von außerkörperlichen Erfahrungen, doch dies dann selbst zu erleben, übertraf jegliche Beschreibungen.

Ich blickte umher, inspizierte mein Zimmer und experimentierte mit den Vorzügen dieser Ebene. Das Erste, was mir einfiel, war das Durchschreiten von scheinbar fester Materie. So steckte ich meine Hand geradewegs in die Wand - ohne Widerstand glitt sie hindurch. Die dem Menschen bekannten Grenzen spielen dort keine Rolle.

Amüsiert wagte ich den nächsten Schritt - das Fliegen. Ich setzte zum Springen an, sah mich gedanklich schon in den Lüften gleiten, da formte sich plötzlich ein außergewöhnlicher Tunnel neben meinem Bett. Er schwebte ungefähr sechzig Zentimeter über dem Boden. Sein Äußeres bestand aus mehreren Zylindern, die sich ineinander drehten und teilweise in einem ätherischen Blau leuchteten. Er wirkte höchst fortschrittlich, wie eine außerirdische Technologie und doch zugleich organisch, als wäre es ein lebendes Wesen. Fasziniert blickte ich hinein und realisierte, dass es sich hierbei um ein Portal handelte. Ich wollte gerade hindurch schreiten, da hörte ich meinen Wecker Alarm schlagen.

Schneller als ein Wimpernschlag zog es mich zurück in meinen Körper. Wie ein Zinnsoldat stand ich auf und schaltete das fürchterliche Fiepsen aus. Wer auch immer dieses Portal in meinem Zimmer geöffnet hatte, wollte mir wohl eine Möglichkeit geben, mehr über die Welten des Universums zu erfahren. Am liebsten hätte ich mich wieder schlafen gelegt, um der Sache auf den Grund zu gehen, doch nun galt es Vorbereitungen für den kommenden Umzug zu treffen.

Munter begab ich mich zum Fenster und erblickte die ewiglich strahlende Präsenz unserer prächtigen Sonne. Die Energie des Gewitters war nach wie vor in meinen Zellen zu spüren. Schon hörte ich meine Mutter rufen, in einem Ton als hätte ihr Etwas eingeflüstert, sie solle mich genau jetzt von diesem herrlichen Moment trennen, dennoch mit einem abschließenden lieblichen Wort:

»Anandriel, nun komm! Wir müssen los mein Engel.«

»Du bist schon wach?«

»Natürlich, wir müssen früh los - schließlich wollen wir uns noch einrichten, bevor deine neue Schule beginnt.«

Schweigend ließ ich ihre Worte im Raum aushallen. Ich war alles andere als erfreut über die Tatsache, in ein veraltetes Schulsystem gesteckt zu werden. Es gleicht eher einer Ablenkung als einer Lehre. Könnten sie doch nur sehen, was ich erkenne, hören was ich empfange, und fühlen, was mir offenbart wird.

Jegliches Erschaffene, das Kontrolle und Macht ausübt und somit in seinem Zweck der Schöpfung schadet, wird einst am eigenen Missklang zerfallen, der grauenhafte Töne aussendet, bis selbst die Entferntesten schreien: „Aufhören!!"

Dieser Schrei, mit dem Willen nach Veränderung, wird die Schattenmauern zum Fall bringen. Was sich aus der Asche erhebt, gleicht der Wiedergeburt eines Phönix – prächtig, rein und geladen mit Kraft. Jeder erfreut sich an seiner Schönheit. Der Missklang ist vergessen und die Vollkommenheit wird in allem neu Erschaffenem zum Ausdruck gebracht - in Harmonie und Frieden, voller Freude und Freiheit, zum Wohle der gesamten Schöpfung.

Plötzlich sprach eine männliche Stimme in meinem Kopf:

»Frei ist der Mensch, er muss es nur erkennen,
und somit die Fesseln der Begrenzung durchtrennen.
Die Wahrheit ruht ewig in seinem Herzen,
dort im Inneren bleibt er stets frei von Schmerzen.
Mit furchtlosem Blick wird er die Wahrheit erfassen
und augenblicklich all sein Leid loslassen.«

Ich war zunächst ein wenig erschrocken, doch zugleich erfüllte eine wohlige Atmosphäre mein Wesen. Seine Stimme ertönte in einer magischen Melodie. Sie kam mir sehr vertraut vor. Es fühlte sich wie eine Verbindung an - wie Familie, doch stärker als ich je auf diesem Planeten zu erfahren vermochte! Wieder sprach er:

»Immer nah und niemals fern,
ist es dein innerer Kern.
Er ist der Schlüssel zu allem was ist,
er zeigt dir wer du wirklich bist!«

Seine Worte ließen mein ganzes Wesen vibrieren - geladen voller Kraft, wie ein Blitz, der plötzlich einschlug und gleich wieder verschwand. Mal wieder im perfekten Moment rief meine Mutter:

»Wir müssen los mein Schatz!«

Rasch packte ich meine letzten Sachen, eilte die Treppe hinunter und schloss die Tür hinter mir.

Beim Blick in den vollgepackten Umzugswagen fiel mir auf, dass ich nun wirklich nicht viel Gepäck dabeihatte. Das meiste gehörte meiner Mutter.

Es fühlt sich befreiend an, wenig Materielles zu besitzen und dennoch reichlich von allem zu haben. Ich habe erfahren, dass wahrer Reichtum von innen kommt. Je tiefer ich nach innen lausche, desto trüber wird das Verlangen nach etwas Materiellem.

Ich weiß, es hat seinen Charme, seinen Reiz, kann äußerst spaßig sein, was immer es ist, dass einem beliebt - doch etwas fühlte sich stets lückenhaft an. Je weiter sich das Bewusstsein ausdehnt, desto inniger wird das Verständnis, dass alles, was wir suchen, bereits in uns ist – und je stärker man die Verbindung zum inneren Kern spürt, desto vollkommener wird der tägliche Gedankengang, bis einst nur noch positive Gedanken das Individuum erfüllen. Dadurch erlangt man wahre Freiheit und zieht andere, bereits vollkommene Wesen zu sich, die das Individuum nun lehren können, weiter in den inneren Kern einzutauchen, um die Liebe Gottes im ganzen Kosmos auszudrücken. Ist der Schüler bereit, so erscheint der Lehrer.

»Schatz, einsteigen bitte!«, erklang die Stimme meiner Mutter in einem ungeduldigen Unterton.

Äußerst interessant, dass häufig in den Momenten des tiefen Nachsinnens über die mächtige Präsenz im Inneren, irgendeine äußere Einflüsterung versucht, dies zu unterbrechen. Da scheint wohl irgendetwas nicht Sichtbares sein Unwesen zu treiben, stets in Angst vor dem Licht, das für manche stark blendet, wo es doch in Wahrheit Wärme, Liebe und Leben spendet.

Ich öffnete die Beifahrertür und machte es mir gemütlich. Die erhöhte Sitzlage im Umzugswagen war mir doch sehr genehm. So hatte ich das ganze Geschehen im Überblick.

Ein kurzer Blick ins Navi: 9 Stunden Fahrt bei genau 999 Kilometer Strecke. Die gegebene Numerologie erweckte meine Aufmerksamkeit. Es wirkte wie ein klares Zeichen!

Ich las einst über gewisse Zahlenfolgen, die verschiedene Botschaften enthalten. Es sind anfängliche Synchronisationen mit dem Plan Gottes. Schon öfters sind diese mir aufgefallen, sichtbar auf den unterschiedlichsten Dingen, sei es ein Nummernschild; Gebäudeaufschriften; Werbung; Plakate; Kassenzettel und viele weitere. Hinzu kommt, dass die Intensität und Kontinuität von den eigenen Gedanken und Emotionen abhängig ist. Sind sie positiv und aufbauend, eilen die Zahlenfolgen geschwind. Verfällt man ins Negative, verblassen sie im Wind.

Wenige Momente später versank ich in einen tiefen Schlaf.

Was ich sah, erschien trüb, und doch war dies Bisschen unbeschreiblich schön. Diese Farben, Klänge und… Energien! Geometrische Muster überall! Ein Empfinden des Friedens erfüllte mein Gemüt.

»Wer ist das?«, fragte ich mich erschrocken. Ich sah andere Wesen! Eine Dame drehte sich um und blickte mir direkt in die Augen, gefolgt von einem lieblichen Lächeln - so schön, dass selbst der mürrischste Mensch in diesem Moment all seinen Gram vergessen hätte. Vollkommen sprachlos von ihrer Präsenz und zugleich überrascht, dass ich wahrgenommen wurde, wachte ich auf.

Ich öffnete meine Augen und sah überall im Auto ähnliche geometrische Muster, wie jene aus der Ebene im Traum! Zunächst bildete sich die Blume des Lebens und binnen Sekunden formten sich aus ihr die entzückendsten Mandalas. Selbst die winzigen Luftpartikelchen waren mir ersichtlich, symmetrisch angeordnet, in der Form unzähliger Dodekaedern. Das Innere des Umzugswagens sah nun vollkommen anders aus - schöner, realer und kräftiger!

Langsam verblassten die Muster und auch die Farben wurden trüber. Voller Faszination realisierte ich, dass es doch lediglich eine leichte Ausdehnung des Bewusstseins erfordert und schon erstrahlt die gleiche Welt in einem neuen Glanz, mit weiteren entzückenden Details, welche dem Individuum einen Einblick in die Mysterien des Universums geben.

Eines der unendlichen Mysterien war das weibliche Wesen aus einer anderen Welt. Nichts, was ich jemals zu diesem Zeitpunkt erblickt hatte, konnte auch nur annähernd beschreiben, welche Perfektion sie zum Ausdruck brachte. Die Haut von unvorstellbarer Reinheit und Feinheit. Ihre Augen, hell leuchtend in Violett und Blau. Das Haar goldglänzend, bis zu den Knien ragend. Eine Energie umringte sie, klar sichtbar in den kräftigsten Regenbogenfarben. Ich spürte eine sehr starke Verbindung zu ihr, als ob wir uns schon ewig kennen. Ständig fragte ich mich, wer sie ist und woher sie kommt. Lotus erschien mir als ein passender Name, angesichts der Vollkommenheit dieser wundersamen Blume. Ihre Präsenz klang in meinem Geiste nach und ließ mich fühlend in ihrer friedvollen Aura verweilen.

»Schau mein Schatz«, überraschte mich die Stimme meiner Mutter. In der Ferne gab sich das Schild der neuen Stadt zu erkennen: Grenzling. Sie liegt direkt an der Grenze zu Österreich, im Süden Deutschlands, umringt von Bergen und Wäldern.

»Gott...«, dachte ich mir. So hatte ich doch tatsächlich knapp neun Stunden im Schlaf verbracht.

Der Frühling blühte in seiner Pracht. Bäume, Büsche und Blumen strahlten in den kräftigsten Farben. Unzählige Apfelbäume erstreckten sich entlang der Alleen. Die Häuser, recht groß und mit feinen Schnitzereien verziert. Sämtliche Vorgärten stets sauber gehalten und alle Straßen frei von Schmutz.

Dem unverkennbaren Geruch in der Luft war zu entnehmen, dass hier überwiegend mit Holz geheizt wird. Ein entzückender Ort.

Alle paar Meter erblickte ich eine Katze. Es machte den Anschein, als würden sie mich genaustens beobachten. Wahrlich wundersame Wesen. Sie haben etwas Magisches an sich. Bereits im alten Ägypten wurden Katzen als heilig angesehen. Man sagt ihnen nach, sie besitzen starke Heilkräfte.

Auf den ägyptischen Inschriften findet man verschiedene Illustrationen bezaubernder Wesen, die den Katzen oder Löwen ähneln. Göttinen wie Bastet oder Sekhmet wurden vermehrt mit diesen Eigenschaften dargestellt. Zudem laufen sie aufrecht und strahlen eine große Weisheit aus.

Bei genauerer Recherche, fernab von den Geschichtsbüchern der Schule, vorbei an den Dokumentationen der Hauptmediensender, lassen sich Aufzeichnungen finden, die von einer vergangenen und sehr fortschrittlichen Kultur sprechen - sowohl technisch als auch spirituell! Große Werke wurden vollbracht, wie der Bau der berühmten Pyramiden in Gizeh. All dies mit einer enormen Präzision, sodass sich bislang die Wenigsten erklären konnten, wie dies zur damaligen Zeit denn möglich gewesen ist. Selbst mit heutigen modernen Maschinen sind solche Werke nicht in dieser Präzision zu vollbringen.

Die Manipulation von Materie sowie die Levitation, sprich das Schweben materieller Objekte durch die Kraft der Gedanken, sind hier die großen Stichworte.

Es mag für manch einen schwer begreiflich sein, wie dies denn bewerkstelligt werden soll. Andere mögen sich noch weiter von der Wahrheit entfernen und behaupten, es sei gänzlich unmöglich. Mitgefühl habe ich mit jenen, welche sich die grenzenlosen Möglichkeiten des Universums durch selbstgesetzte Grenzen verborgen halten und zugleich ihr Bewusstsein mit Informationen jener Menschen benebeln, die es sich zur Aufgabe gemacht haben, eine Lüge zu verbreiten. Dieses negative Bestreben wurde aus eigenem freien Willen aufgebracht, durch die Einflüsterungen negativer Kräfte, die jenen Macht und Geld versprechen, als Gegenzug für ihre Dienste, welche Hass; Leid; Kummer und Lügen verbreiten. Wer diese pure Negativität hinausschickt, wird einst zerfallen an der eigenen Kraft, die ausgesendet wurde. Ein universelles Gesetz besagt, dass jegliche Gedanken, Worte und Taten, die ein Jemand aussendet, ebenso zu ihm zurückkehren. Es liegt also in unserer Hand, was wir in unserem Leben manifestieren.

Gedanken erschaffen, Worte kräftigen und Taten bringen zum Ausdruck.

Eine Idee, ein Geistesblitz, eine Erkenntnis
beginnt in den unendlichen Gedankenpforten
und wird hier, in dieser Ebene, limitiert
mit den sogenannten Worten.
Aus diesen Folgen die Taten,
sähen die Frucht im prächtigen Garten.
So halte geduldig dein Wasser rein
und die Frucht wird einst vollkommen sein.

Öffnen wir uns für das Unendliche, so wird uns das Unendliche zufließen. Setzen wir uns Grenzen durch den betrübten Verstand, so verschließen wir die Tür zu den unendlichen Möglichkeiten.

Die hohen Wesen im alten Ägypten waren sich dieser einfachen Weisheit sehr wohl bewusst und konnten durch Vertrauen in ihre göttlichen Fähigkeiten, die in uns allen ruhen, große Kräfte, wie zum Beispiel das Manipulieren und Levitieren schwerer Steinblöcke aufbringen.

So wurden die Pyramiden in Gizeh erbaut - durch die Kraft im Inneren - gebündelt und auf das auszuführende Werk fokussiert - frei von Zweifeln.

»Mein Engel, nur noch ein paar Straßen«, hörte ich die Stimme meiner Mutter leise in meinem Bewusstsein erklingen. Es erschien mir, als würde sie mich aus einer anderen Welt rufen. So brauchte ich eine Weile, um meine Aufmerksamkeit auf sie zu richten, als würde ich aus einem Traum erwachen und innerhalb diesem das Licht einer anderen Welt erblicken.

Doch warum nennt man es eigentlich Traum? Was ich in tiefem Nachsinnen erlebte, erschien mir eher wie eine Bewusstseinsverschiebung. Die Projektion meines Bewusstseins in eine andere Ebene – eine höhere Ebene in den Tiefen des Seins. Sehr wohl real und deutlich intensiver als jene Gedankengänge der Alltagsrealität.

Plötzlich spürte ich eine Vibration in meinem Körper, als würde mich eine elementare Präsenz willkommen heißen. Dann rief meine Mutter:

»Oh Anandriel mein Schatz – schau, da ist es.«

Ein Haus der besonderen Art

Ich erblickte ein prächtiges Heim. Der Garten übersät mit Obstbäumen, von Kirsche über Apfel bis hin zur Birne und Pflaume. Rosen erfüllten das Terrain mit ihren himmlischen Düften. Schmetterlinge flogen froh durch das farbenfrohe Pflanzenparadies. Das Wasser plätscherte sanft in einem natürlich geformten Teich und bereicherte den Garten mit harmonischen Klängen. Vögel sangen die verschiedensten Melodien, und Bienen arbeiteten fleißig, damit die Fülle der Natur durch blühende Pflanzen vollkommen zum Ausdruck gebracht wird.

Es erschien mir, als sei der Garten eins mit dem Heim, da sich die riesigen Rosenstöcke samt Traubenreben die ganze Hauswand emporstreckten. So stellte ich mit Freude fest, dass sich bereits in wenigen Monaten hunderte Trauben direkt vom Fenster pflücken lassen würden.

Man mache sich einmal bewusst, mit welchen Geschenken uns Mutter Natur ununterbrochen bereichert, trotz all des Leids, das ihr über Äonen angetan wurde. Dies ist wahrlich bedingungslose Liebe! Eine Liebe, die sich stark von jener unterscheidet, welche in unserer Gesellschaft weitgehend erlebt wird. Der Mensch hat die Fähigkeit, diese gleiche bedingungslose Liebe zu empfinden. Eine Liebe, frei von Begrenzungen. Dafür muss er die falschen Normen und Glaubenssätze, eingetrichtert durch die suggestiven Systeme der Gesellschaft vergessen und in sein Herz eintauchen. Dort finden wir die Wahrheit - wahre Liebe.

Ich erachte es für selbstverständlich, Mutter Natur mit dieser Liebe wie auch Dankbarkeit zu erfüllen. Durch aufrichtige; ehrenhafte und reine Gedanken, manifestiert sich diese Positivität ebenso auf unserem Planeten.

Es ist ein großes Geschenk hier sein zu dürfen. Man nannte unsere Erde einst „den Garten Eden". Die Fülle dieser Zeit ist für die meisten Menschen unvorstellbar.

Durch die Manipulation von negativen Wesen und Kräften, hat der Mensch missklingende Gedanken in sein Bewusstsein gelassen, aus denen missklingende Gefühle; Worte und Taten hervorgingen. Dieses Gift, welchem er Einlass gewährt hat, breitete sich auf dem ganzen Planeten aus und deformierte Mensch; Tier und Mutter Natur. Verfall war die Folge, doch keineswegs eine Bedingung! Immer kann ein Jeder den Weg der Vollkommenheit wählen und somit Missklang in harmonische Klänge transformieren. Die Fähigkeit zu erschaffen, ist uns durch Gott gegeben. Durch den freien Willen können wir entscheiden, was wir erschaffen wollen. Der Fantasie sind keine Grenzen gesetzt.

Plötzlich hörte ich die männliche Stimme wieder in meinem Kopf erklingen:

»Die Fantasie,
auch genannt, das wahre Genie.
Was du willst erschaffen, beginnt in deinen Gedanken -
so hebe empor, deine selbstgesetzten Schranken.

Öffne dich für die Welten unendlicher Möglichkeiten
und was folgt sind wahrlich magische Zeiten,
welche dir ewig und endlose Freude bereiten.«

Ein Gefühl von starker Liebe strömte durch all meine Zellen. Ich fragte mich, wem diese Stimme zugehörig ist. Schon hörte ich ihn wieder sprechen:

»Lausche nach Innen
und ich werde dich wieder besinnen.«

Ein tiefes Gefühl der Verbundenheit breitete sich in meinem Wesen aus. Es war wie Familie, besser gesagt wie ein Teil von mir.

Wieder betrachtete ich unser Haus und musste zu meinem Erstaunen feststellen, dass alles deutlich intensiver wirkte. Mein Wesen befand sich zweifelsfrei in einem leicht erhobenen Zustand, wodurch sich ein dauerhaftes liebliches Lächeln auf meinen Lippen erstreckte. Die Farben strahlten kräftiger und ich konnte viel mehr Details wahrnehmen. Ein wunderschönes Gebilde, gefertigt aus Holz und Stein. Massive Balken stützten den Dachstuhl, verziert mit kleinen Mustern aller Art. Besonders auffallend war der Balkon im ersten Stock, mit Blick auf den herrlichen Garten. Ich sah mich gedanklich schon dort oben stehen und die Aussicht genießen.

Wir fuhren zur Vorderseite des Heims und parkten den Wagen in einer offenen Garage. Freudig hüpfte ich aus dem Auto und ging zur Eingangstür. Der Anblick erweckte in mir ein mystisches Gefühl. Gefertigt aus einem sonderbaren Holz, war sie mit alten Symbolen und Inschriften versehen. Meine Mutter kramte derweil den Schlüssel aus ihrer Handtasche, setzte ihn sogleich ins Schloss und wollte die Tür gerade öffnen, da rief ich in letzter Sekunde:

»Noch nicht! Bitte, gewähre mir einen Moment.«

Sie hielt inne, ohne weiter nachzufragen. Ihr Blick wirkte

verwirrt, doch sie respektierte meinen Wunsch, die Tür genauer zu betrachten.

In der Mitte war eine große Sonne eingraviert, deren Strahlen sich in alle Richtungen erstreckten. Rings herum ließen sich verschiedene Runen erkennen - magische Glyphen, dessen Konturen schon fast lebendig wirkten. Oberhalb sowie unterhalb waren Schriftzeichen einer scheinbar sehr alten Sprache eingraviert. Sie kamen mir aus irgendeinem Grund sehr vertraut vor.

»Hättest du eine Idee, was all dies bedeuten könnte?«, fragte ich meine Mutter, bereits im Wissen, was als Antwort kommen werde.

»Nein mein Schatz, doch lass uns nun hinein gehen.«

Sie drehte sogleich den Schlüssel. Es klang, als ob das Innere der Tür aus lauter Zahnrädern besteht, die mit der kleinsten Drehung ein Geräusch von sich gaben, als ob man ein mächtiges Tor öffnen würde. Sie schwang auf und war zu meinem Erstaunen gut geölt.

Der Anblick versetzte mich ins tiefe Staunen. Licht durchflutete die Räumlichkeiten, als wäre die Sonne direkt im Heim. Ich wusste nicht so recht, was ich als Erstes beäugen sollte. So viele Details und alles war bereits möbliert. Die Einrichtung passte perfekt zum Stil des Hauses. Es erinnerte mich ein wenig an die antike Zeit, doch zugleich hatte es auch seinen ganz eigenen Charakter.

Die Wände funkelten in einem edlen Weiß, während die Decke vollkommen mit Holz überzogen war. Wunderschöne Ölgemälde mit goldenen Rahmen waren im gesamten Heim verteilt. Sie enthielten Illustrationen prachtvoller Paläste, majestätischer Menschen und königlicher Kontinente einer längst vergessenen Zeit.

Große und einwandfrei ausgearbeitete Marmorplatten bedeckten den Boden. Sie mussten sehr alt sein und befanden sich dennoch in einem makellosen Zustand. Kleine Muster waren tief im Inneren eingearbeitet und gaben einem das Gefühl, man schaue in eine weitere Ebene, unterhalb des Bodens.

Schränke; Stühle; Regale und Wohnzimmermöbel waren weitgehend aus hochwertigem Holz gefertigt und schimmerten in einem wundervollen goldbraun.

Diese wurden mit einem speziellen Lack versehen, der den edlen Farbton des Holzes in einer grandiosen Art und Weise hervorhob, wodurch vor allem bei direkter Sonneneinstrahlung ein faszinierendes Farbspiel entstand.

Besonders die Esszimmerecke sorgte in meinem Gemüt für großes Aufsehen. Die Stühle waren mit eindrucksvollen Merkmalen ausgestattet, dass ich mir dachte, jeder muss von Hand angefertigt sein. Keine Maschine der modernen Zeit kann dieser Kreativität Ausdruck gewähren. Das Gestell wurde ebenso aus dem goldbraunen Holz geschnitzt, doch mit einem anderen, äußerst sonderbaren Lack versehen, der es zusätzlich in einem orangegelben Farbton glühen ließ.

Die jeweiligen Kissen sprachen für ein hohes Geschick in der Schneiderei. Sie strahlten in einem violetten Stoff, der mit feinen goldenen Nähten versehen war. Sanft federn sie das Gesäß eines Jeden, der sich auf sie setzt.

Der zu den Stühlen dazugehörige Tisch war an künstlerischer Exzellenz kaum zu übertreffen. Die Platte bestand aus einem großen und glänzenden Stück Glas, zehn Zentimeter dick und perfekt poliert. Der Farbverlauf begann an der Unterseite mit einem kräftigen Violett und wurde in Richtung Oberseite immer heller. In der Platte eingraviert befanden sich am Rand kleine symmetrische Muster und mittig platziert ein großes Abbild des 1000-blättrigen Lotus.

Hier sei angemerkt, dass tatsächlich alles innerhalb der Platte eingearbeitet war. Weder von oben noch von unten oder an den Seiten waren irgendwelche Einlässe zu finden, die vermuten lassen könnten, dass eine zweite Glasplatte hineingeschoben wurde. Der Tisch war aus einem Stück geformt!

Die Füße bestanden oberhalb, einheitlich zur Platte, ebenso

aus Glas, doch wechselten langsam, mit jedem weiteren Zentimeter Richtung Boden, zu dem gleichen goldbraunen Holz, aus dem auch die Stühle bestanden. Sie waren besonders massiv gebaut und boten dem Tisch somit den nötigen Halt.

Ich versuchte ihn zu bewegen und gar an einer Seite hochzuheben, doch vergeblich - er stand felsenfest dort. So stellte ich mir die Frage, wenn man ihn nicht bewegen kann, wie hat man ihn dann hierhergebracht? Als wäre er von Zauberhand erschaffen worden. Der bloße Anblick ließ die Magie, die hier meisterhaft in einem physischen Gegenstand verankert wurde, direkt in das Wesen fließen.

Das Bild des Heims bot meinem Verstand gänzlich neue Möglichkeiten. Ich habe in dieser Inkarnation bereits einige eindrucksvolle Dinge zu Gesicht bekommen, und stets fragte ich mich im Stillen, ob es überhaupt noch weitere Möglichkeiten geben kann, bei der Brillanz, die das zu bestaunende Werk ausdrückte. Die Antwort lautet immer „ja" - es gibt unendliche Möglichkeiten. Die Darbietung unseres Heims bestätigte dies mal wieder. Je nachdem, wie innig der Architekt die Verbindung mit seinem Gott-Selbst spürt, desto kreativer und spektakulärer wird das zu erschaffende Werk und bringt die grenzenlose Fülle des einen unendlichen Schöpfers zum Ausdruck.

Mir war die Begeisterung förmlich ins Gesicht geschrieben. Meine Mutter behielt nach wie vor ihr leichtes Lächeln auf den Lippen. Äußerlich wirkte sie recht gelassen, doch innerlich konnte ich bei ihr eine große Freude wahrnehmen.

»Es ist ein Segen, mein Schatz - lass dich drücken«, rief sie urplötzlich voller Energie aus. Ihre Dankbarkeit füllte den ganzen Raum und belebte mein Wesen mit der Liebe, die sie in ihrem Herzen spürte. Es war einfach nur schön, sie so glücklich zu sehen.

»Mutter, wie bist du nur an dieses Haus gekommen?«, fragte ich sie in absoluter Faszination von all den Gegebenheiten.

»Diese Geschichte, mein Sohn, erzähle ich dir zu einem anderen Zeitpunkt - ganz in Ruhe, abends vorm Kamin. Sie trägt etwas... ich möchte sagen... Magisches in sich.«

»Wie meinst du das?«

»Nach dir«, sagte sie lediglich und gab wieder ihr bekanntes Lächeln preis.

Wir folgten einer kreisrunden Treppe, hoch zum Obergeschoss. Sie war vollkommen aus Stein gefertigt und erinnerte mich an den Aufstieg eines alten Schlossturms. Was meine Augen dann erblickten, musste ich erst einmal verarbeiten.

Licht durchflutete, genau wie im Erdgeschoss, die ganze Etage und strahlte auf einen Flügel, der sich mittig im Raum befand. Nicht ein einziges Wort brachte ich über meine Lippen, völlig überwältigt vom Anblick dieses Prachtstücks. Wie magisch angezogen, bewegte ich mich langsam in Richtung dieses Klanginstruments. Meine Hand glitt behutsam, ohne etwas zu berühren, über seine Präsenz. Er war aus einem mir nicht bekannten Material gefertigt. Weißgold schimmerte das Äußere und ähnelte der Optik von fein geschliffenen Marmorplatten. Die Bezeichnung Flügel erschien mir doch als passendster Ausdruck. Allein beim Anblick, hob sich mein Bewusstsein empor.

Ich wagte eine Berührung - meine Hand glitt beinahe ohne Widerstand über dieses außergewöhnliche Material. Auf meinen Fingern war nicht ein einziger Staubpartikel zu sehen. Es war, als ob sich der Flügel selbst rein hält und dem Anblick der Vollkommenheit ewiglich Ausdruck gewährt.

Die großen Tasten schimmerten im gleichen weißgoldenen Farbton, von dem jedoch nur ein Hauch des Goldes zu sehen war. Hingegen die kleinen Tasten strahlten in einem kräftigen Gold und waren mit einem Hauch des edlen weißen Farbtons durchzogen. Sämtliche weitere Bestandteile des Flügels teilten sich ähnliche Farbmuster, jedoch stets mit kleinen Unterschieden in der Betonung. Alles wirkte einheitlich und hob sich zugleich in seiner Individualität hervor.

Im Inneren des Deckels war ein Gemälde eingraviert. Ein

mächtiger Engel, majestätisch im Antlitz, seine Flügel weit emporstreckend, mit einem Blick voller Kraft, der das ganze Wesen des Betrachters mit Entschlossenheit stärkte. Oberhalb seines Kopfes waren ähnliche Schriftzeichen, wie jene auf der Eingangstür des Hauses zu sehen.

Meine Mutter war sich meines Staunens sehr wohl bewusst, doch sagte lediglich in einem sanften Ton:

»Wenn du all dies hier einigermaßen verarbeitet hast, so komm doch gerne runter und ich erzähle dir beim Kaminfeuer von der Begegnung mit dem alten Besitzer.«

»Du warst schon mal hier?«, fragte ich verwundert.

»Natürlich. Ich musste mich doch vor dem Kauf vergewissern, ob dies auch das richtige Heim für uns sein würde. Außerdem bestand der alte Besitzer darauf, mit mir persönlich zu sprechen.«

»Das klingt nach einer spannenden Geschichte«, sagte ich mit einem mystischen und zugleich fraglichen Unterton in meiner Stimme, während meine Hand sanft entlang einer meiner langen dunkelblonden gewellten Strähnen glitt.

»Also dann, bis später mein Schatz«, gab sie lediglich zur Antwort und verließ den Raum.

Nun begann die Entdeckungstour meiner eigenen Etage. Auch hier war bereits alles möbliert und im Gegensatz zum Untergeschoss waren zusätzlich hunderte Pflanzen in allen Ecken verteilt. So vermischte sich die antike Architektur mit den Elementen der Natur. Es wirkte beinahe wie ein Dschungel, und auch die Luft unterschied sich deutlich von der im Untergeschoss.

Große und grüne Tropenpflanzen wuchsen im Wohnzimmer nahe dem Flügel, während kleine Topfpflanzen auf extra für sie hergerichteten Holzkommoden verweilten. Die Fensterbänke waren mit den sonderbarsten Kakteen bestückt und einige Ablageflächen mit exotischen Orchideen versehen.

Es befanden sich keine Gemälde an der Wand, dafür aber

hochwertige Skulpturen zwischen den Pflanzen, gefertigt aus einem weißen Stein. Sie illustrierten wunderschöne Wesen, perfekt im Körperbau, edel gekleidet und erhaben im Antlitz.

Entlang der Wände schlängelten sich Kletterpflanzen durch die Wohnung und gaben einem das Gefühl, den Wald direkt im Heim zu haben. Besonders kreativ, der natürliche Vorhang zu meiner offenen Kochecke, gegeben durch Hängepflanzen, die von einem Holzbalken hinabstiegen. Schreitet man hindurch, so befindet man sich in einer bescheidenen Küche, die wie auf meine Wünsche zugeschnitten wirkte. Vier Kochplatten, ein Backofen, genügend Schränke; Ablagen und Haken sowie eine große Küchenplatte, auf der viele kleine Kräutertöpfe angebracht wurden. Hier wuchs vor allem das Basilikum, auch genannt „das Königskraut".

Recht nah zur Küche stand der massive Esszimmertisch, gefertigt aus einem Stück Holz. In seiner Mitte waren ebenfalls ähnliche Schriftzeichen wie jene auf der Haustür eingraviert. Angesichts seiner einzigartigen Erscheinung gab ich ihm einen besonderen Namen: Die Arthurplatte. Sie erinnerte mich an die Tafelrunde von König Arthur. Zwölf königliche Stühle waren umher verteilt, die jeweils eine Skulptur des Phoenix auf ihrer Oberseite angebracht hatten. Die Flügel ummanteln jedes Wesen, das am Tisch Platz nimmt.

Gleich neben der Arthurplatte befand sich der Kachelofen. Es ist ein Segen, seinen eigenen Kamin im Haus zu haben. Durch den Blick in die lodernde Flamme breitet sich stets eine beruhigende und doch zugleich belebende Atmosphäre in meinem Wesen aus. Hinzu kommt, dass dieses sonderbare Licht das dritte Auge aktiviert und so den Geist empfänglicher für das sonst Unsichtbare macht.

Ich begab mich weiter ins Schlafzimmer. Ein Blick hinein machte den Anschein, als befände man sich in einer Kristallhöhle. Auf sämtlichen Ablageflächen waren verschiedene Kristalle aufgestellt - besonders häufig der Amethyst. Man sagt ihm nach, er erhöht die Traumerinnerung und reinigt die Energien in seiner Umgebung.

Ich musste immer wieder festellen, wie hilfreich es doch ist, sich seiner sogenannten Träume zu besinnen. Diese enthalten oftmals Botschaften von unseren Seelenführern, metaphorisch und symbolisch verpackt, dessen Entschlüsselung mir stets große Freude bereitet. Zudem bekommt man Einblicke in die verschiedensten Ebenen, und je nachdem, wie weit man mit dem eigenen Entwicklungsstand ist, schaltet man die Erinnerung aus höheren Dimensionen frei.

Meine Erfahrung zeigte bisher, dass es von enormer Wichtigkeit ist, den letzten Gedanken, bevor ich zu Bett gehe, an etwas hoch-Schwingendes zu richten - optimalerweise die mächtige ICH BIN Präsenz, unser wahres Selbst, unser Gott-Selbst. Dadurch werden die sogenannten Träume gefüllt mit wahrlich zauberhaften Dingen, detailliert dargestellt und höchst intensiv empfunden. Es kommt gut und gerne vor, dass wir dort von unseren Seelenführern Botschaften empfangen, die ein für uns zukünftiges Ereignis offenlegen. Entschlüsseln wir die Nachricht und vor allem, erinnern wir uns an den Traum, so haben wir Zugriff auf Prophezeiungen. Doch es gibt nicht nur eine Zukunft. Verschiedene Szenarien können sich abspielen. Die empfangene Prophezeiung gilt als Orientierung einer sehr wahrscheinlichen Zukunft. Steht man vor einer wichtigen Entscheidung, kann man meist mehrere Möglichkeiten wählen. Je nachdem wie man sich entscheidet, begibt man sich in eine jeweilige Zeitlinie.

Das Ganze mag verwirrend erscheinen, doch indem man sich Positiv ausrichtet und die beste Version seines Selbst lebt, so befindet man sich auf der höchsten positiven Zeitlinie, verglichen mit den Möglichkeiten anderer Zeitlinien.

Aus dem Schlafzimmer hinaus, ging es gleich gegenüber ins Bad. Recht bescheiden; sauber und rein, enthielt es alles, was ein Bad eben so ausmacht:

Gegeben vom Holz der Tanne,
sieht es aus wie eine natürliche Wanne.
Gemeint ist das Waschbecken -
dort befreie ich meine Hände von jeglichen Flecken.

Gefertigt aus Porzellan,
füllt man es gern mit körpereigenem Methan.
Gemeint ist das Klo -
dort verrichte ich mein Geschäft sicherlich ganz froh.

Gefertigt aus Glas und Stein,
geht man meist unbekleidet rein.
Gemeint ist die Dusche mit ihrem künstlichen Regen -
dort lässt sich der Körper von außen wieder pflegen.

Ein entzückendes Bad. Nun ging es endlich zum Balkon, dessen Pracht ich bereits von außen bestaunen konnte. Die massive Tür ließ sich nur mit großem Kraftaufwand öffnen. Auch ihr gab ich einen besonderen Namen: Das Tor Asgards.

Eine frische Frühlingsbrise sauste durch meinen Körper. Die Aussicht brachte die Augen zum Funkeln, wie die hellsten Sterne im klaren Nachthimmel. Die Fülle und Vielfalt des Gartens ließ sich von hier oben im Ganzen bewundern. Die Sicht ragte weit bis hin zu den naheliegenden Wäldern und Bergen, welche die ganze Region ummanteln. Ein traumhaftes Tal.

Hoch empor erblickte ich einen Adler, der große Kreise zog. Er wirkte wie ein Wächter der Lüfte. Nachdem ich diesen Gedanken äußerte, gab er einen kräftigen Schrei von sich. Ein Gefühl der Wildnis strömte für einen Moment durch meine Adern. Ich konnte die Einheit mit ihm spüren, als wäre ich in sein Bewusstsein eingetaucht.

Mehrere Minuten verbrachte ich im Stillen auf dem Balkon und genoss den Frieden in der Luft. Ich wusste, dass hier meine innere Entwicklung große Fortschritte machen wird.

Plötzlich besann ich mich der Worte meiner Mutter. Wie vom Blitz getroffen sprang ich auf und rannte Richtung Erdgeschoss.

»Mutter!«, rief ich voller Freude, während ich die Steintreppe hinunter sprintete. »Nun möchte ich es aber wissen!«

Im Wohnzimmer angekommen, entzündete ich den Kamin und machte es mir sogleich auf der Couch bequem. Sie begann zu erzählen:

Der alte Besitzer

Alles fing mit dem Wunsch zur Veränderung an - tief in mir verankert. Ich wollte, wie du weißt, weg von der Stadt und etwas Neues erleben - etwas Echtes. Ein Gefühl sagte mir, du fühltest dich ähnlich, jedoch aus anderen Beweggründen als die meine. Ich entschied mich für den Süden Deutschlands, genauer genommen die Bergregion.

Wunderschöne Bilder waren im Internet zu finden und ich wusste sogleich, dort irgendwo, entlang der Bergketten soll es sein, unser neues Heim.

In Anbetracht der erheblichen Preise bin ich beim Stöbern durch die Immobilienangebote beinahe vom Stuhl gefallen. Ich suchte und suchte, doch lange Zeit fand sich nichts Geeignetes. Kurz vor dem Aufgeben entschied ich mich, noch einmal all meine Willenskraft aufzubringen, mit der Intention, etwas Passendes für uns zu finden. Völlig unerwartet wurde bereits am nächsten Tag ein neues Inserat veröffentlicht. Kein Preis war angegeben, wenige Bilder veröffentlicht und eine eigenartige Beschreibung gewählt:

„Was du suchst, sollst du finden,
so lasse nur den Zweifel schwinden.
Herzliche Grüße - ein Freund."

Ich dachte zunächst, dies sei ein alberner Scherz, doch irgendetwas in mir wollte dem Ganzen eine Chance geben. Keine Nummer war zu finden, lediglich die Aufschrift:

„Kontakt nur per Briefpost möglich!"

Ich fand seine Worte schon äußerst merkwürdig, doch fing trotz aller Verwirrung unverzüglich an, den Brief zu schreiben:

„Sehr geehrter Freund,

Ihr Inserat ist nun wirklich etwas Einzigartiges und ließ mich das Ganze zunächst in Frage stellen, doch irgendetwas in meinem Inneren sagte mir, ich solle Sie anschreiben. Dies mag ebenso eigenartig klingen und ich frage mich ehrlich gesagt, warum ich Ihnen das überhaupt sage... Doch es ist mein großer Wunsch mit meinem Sohn in die Bergregion zu ziehen. Er ist ein anständiger Junge der feinen Art, mit einem Talent für Musik. Am Rande angemerkt: Er hat einen ähnlichen Sinn für das Eigenartige, wie Sie. Ich möchte geduldig auf ihre Antwort warten.

Liebe Grüße
Rosa."

Knapp eine Woche verging, bis ich einen sonderbaren Brief in unserem alten Postkasten fand. Er war mit einem schimmernden violetten Siegel aus Kerzenwachs versehen, auf dem eine große Lotusblume funkelte.«

»Eine Lotusblume?«, fragte ich meine Mutter erstaunt.

»Ja mein Schatz, von herausragender Schönheit!«, sagte sie mit festem Blick, als würde sie das Siegel klar in ihren Gedanken sehen. Dann fuhr sie mit der Geschichte fort:

»Ich öffnete den Umschlag und entnahm ein großes Pergamentpapier mit einer feinen goldenen Legierung. Die Schrift schien aus der alten Zeit zu sein, doch war gut leserlich:

„Herzensgute Rosa,

ich erwarte Sie in neun Tagen hier,
in meinem bescheidenen Heim.

Mit wahrlich freudigen Grüßen aus dem Herzen meines Wesens
Ein Freund."

Aus einem mir nicht erklärlichen Grund fühlte ich ein tiefes Vertrauen und bereitete alles für die weite Fahrt vor. Genau neun Tage später machte ich mich mitten in der Nacht auf den Weg und kam ohne jegliche Verzögerung am Vormittag an. Dort erblickte ich zum ersten Mal die Schönheit und Eleganz des Hauses. Sicherheitshalber verglich ich nochmal die Adresse, doch alles passte.

Keine Klingel war zu finden. Ich holte zum Klopfen aus, doch ehe meine Hand die Tür berührte, schwang sie auf und ein Mann mit edler Kleidung, violetten Augen und einem Lächeln voller Güte, trat hervor. Er blickte mir tief in die Augen, neigte seinen Kopf leicht und sagte:

»Bitte, nach ihnen«, gefolgt von einer feinen und fließenden Handbewegung, die mir den Weg wies.

Intuitiv machte ich einen leichten Knicks, bei dem ich beinahe von meinen Stöckelschuhen fiel und antwortete ihm:

»Vielen Dank, äußerst vornehm Herr… Wie darf ich sie nennen?«

»Wie es ihnen beliebt, Rosa - doch wenn ich etwas vorschlagen dürfte, dann nennen sie mich doch gerne Herr Violett. Man gab mir über die Jahre viele Namen, doch nur wenige davon sind den Menschen bekannt. Violett ist die Farbe, die besonders aus dem Herzen meines Wesens strahlt. So erscheint es mir doch angemessen, wir verbleiben bei diesem Namen, liebe Rosa.«

Ich lachte vergnügt, kindlich im Kern und sagte:

»Herr Violett, sie haben wirklich eine vornehme Art mit edlem Charakter und einem Sinn für Humor. Ich freue mich wirklich sehr, hier sein zu dürfen. Vielen Dank für die Einladung.«

»Ihre Freude ist in meinem ganzen Wesen zu spüren und erhellt die Räumlichkeiten mit ihrer Strahlung. Bitte, schauen sie sich in aller Ruhe um und kommen wieder zu mir, sobald sie es wünschen.«

Wie vom Frieden umhüllt, ging ich durch das Haus und bestaunte in allem die Liebe zum Detail. Als ich den Flügel sah, war ich sprachlos. Mehrere Minuten blickte ich mit großen Augen auf dieses Instrument und dachte, es sei von einer anderen Welt. Noch nie zuvor habe ich so etwas gesehen. Ich wusste tief in mir drin, dass dies unser neues Heim werden soll. Der Gedanke, dich an diesem Flügel spielen zu sehen, erfüllte mich mit großer Freude und ich beschloss sogleich, dass die obere Etage deine werden solle, sofern wir dieses Haus bekämen.

Ich möchte sagen, mein Schatz, deine Art wirkt auf mich zwar manchmal eigenartig, doch so gab mir diese Begegnung mit Herrn Violett und seinem einzigartigen Haus die Erkenntnis, dass die eigene individuelle Art, aus dem Herzen eines Menschen, wenn ehrlich und aufrichtig gelebt, Dinge ins Leben zieht, die das Innerste zum Ausdruck bringen. So erscheint es mir, als sei dieser Flügel direkt aus dem Innersten von Herrn Violett erschaffen worden. Edel im Antlitz, ausdrucksstark des Wesens und voller Liebe im Kern, die sich nach außen widerspiegelt.«

»Ich habe vollstes Verständnis für deine bisherigen Verhaltensweisen, Mutter. Du warst dir über vieles nicht bewusst und so sollte ich niemals Groll dir gegenüber hegen. Ich bin einfach nur froh zu hören, was sich nun in deinem Bewusstsein verankert hat.«

Sie schenkte mir ein herzliches Lächeln.

»Ich möchte keineswegs in Ungeduld verfallen«, fügte ich hinzu, »doch bitte Mutter, die Geschichte ist so faszinierend, fahr doch bitte mit ihr fort.«

»Mein großer Wunderknabe - wie du wünschst. Ich begab mich wieder zu Herrn Violett, schlenderte wie von einem lieblichen Zauber umhüllt die Steintreppe hinunter und blickte ihm für einige Momente einfach nur in die Augen, bei denen mit jeder Sekunde, die verfloss, das Lächeln auf meinen Lippen größer wurde. Dann sagte ich:

»Ich bin in allen erdenklichen Aspekten von der Liebe, die hier Ausdruck gefunden hat, zutiefst berührt. Ich wünsche mir so sehr in dieses prächtige Haus, zusammen mit meinem Sohn einzuziehen. Doch wie soll ich ihnen einen angemessenen Preis für all das bezahlen? Muss es denn wirklich ständig am…«

Bevor ich meinen Satz vollendete, unterbrach mich Herr Violett mit einer kräftigen und zugleich ruhigen Stimme:

»Liebe Rosa, verzeihen sie mir bitte, dass ich sie unterbrochen habe, doch wenn ich einen Wunsch äußern darf, dann gewähren sie der Sorge, zu ihrem eigenen Wohl, niemals Einlass! Sorgen und Zweifel schleichen sich beim Ungeübten heimtückisch, beinahe unbemerkt ein und bilden sich, wenn nicht rechtzeitig erkannt und aufgelöst, zu einem Glaubenssatz, der den Zustand des Missklangs erschafft. Auf was auch immer sie ihre Aufmerksamkeit richten, das ziehen sie in ihr Leben. Dies ist ein unabdingbares Gesetz und gilt für beide Polaritäten. Durch den freien Willen kann der Mensch wählen, wie es ihm beliebt.

Oftmals klagen sie über ihre missklingenden Zustände, dabei haben sie ihnen selbst Einlass gewährt. Es erfordert lediglich bewusste Aufmerksamkeit auf das Gute, wie zum Beispiel die Harmonie; Fülle oder Freiheit und so wird das Individuum all diese guten Dinge in sein Leben ziehen.«

Meine Augen öffneten sich mit jeder Sekunde, die er sprach, immer weiter und ich zog die Wimpern gefühlt bis zum Himmel, während mein Mund leicht offen vor sich hing. Sprachlos verweilte ich für mehrere Sekunden in sichtlicher Faszination, doch sagte schließlich:

»Ich möchte ganz offen zu ihnen sein. Ihre Worte wecken in mir das Gefühl von einer lang vergessenen Weisheit - so simpel und doch machtvoll. Sie sind sich offensichtlich einiger kraftvollen Gesetze des... ich möchte sagen... des Lebens bewusst! Dies spiegelt sich in ihrem Wesen und auch ihrem Heim wider. Gestatten sie mir die Frage Herr Violett, wie alt sind sie? Ihr Äußeres erscheint jung, doch ihre Augen strahlen eine große Weisheit aus, die mir das Gefühl vermittelt, sie seien deutlich älter, als ihr Körper zu erkennen gibt.«

Herr Violett lächelte und sagte:

»Verfall ist eine Möglichkeit, doch keineswegs eine Bedingung! Durch bewusste Anstrengung kann jeder seinen Körper verjüngen und gar ewig jung halten. Die Zellen möchten sich rein halten und regenerieren sich ständig. Eine allgegenwärtige Kraft, die Kraft Gottes, fließt durch sie sowie durch alles, was ist. Durch dem des Menschen gegebenen freien Willen kann er selber entscheiden, ob er sich dieser Kraft, Gott, dem Geber alles Guten zuwendet und so seiner ewigen vollkommenen Präsenz in sich Ausdruck gewährt, oder sich von ihm abwendet und so dem Verfall Einlass gewährt. Es erfordert Geduld und Disziplin sowie den Willen, sich der Vollkommenheit, die Gott ist, hinzugeben und alles aufzugeben, was dich krank gemacht hat.

Ich habe nichts mit der Kirche oder sonst irgendwelchen religiösen Institutionen zu tun. Mein Glaube ist frei von Begrenzungen und vermittelt ewige Liebe, Frieden und Freiheit. So lebe und lehre ich die universellen Gesetze des Lebens, die im gesamten Kosmos gelten.

Über all die Jahre fanden sich immer wieder verschiedene willensstarke Menschen, die im Kern Gleiches wie ich lernten und leben. Ihre Aufzeichnungen finden sich in diversen Dokumenten sowie Büchern und Texten wieder - doch dies sei mit Vorsicht zu genießen! Wesen, die bei weitem nichts Gutes für den Menschen im Sinn haben, manipulierten viele dieser Werke und haben einige Botschaften mit Lügen verdreht, die Angst und Unterdrückung widerspiegeln.

Vor Gott musst du dich niemals fürchten und so wirst du auch niemals von Gott, dem allumfassende Bewusstsein unterdrückt.

Du bist ein Kind Gottes, ein Teil Gottes - eins mit der mächtigen „ICH BIN Präsenz" - die Präsenz Gottes, individualisiert in jedem von uns.

Sprich oft folgenden Satz und gestatte dieser Wahrheit, durch dein ganzes Wesen zu fließen: „Ich bin das ICH BIN."

Wenn mit Überzeugung gesprochen, gefühlt und gedacht, so wird sich wahrlich Göttliches in deinem Wesen und Leben manifestieren!

Der Missklang der Menschen ist nicht die Strafe Gottes, sondern eine Folge negativer Gedanken und Gefühle, denen sie Einlass gewährt haben.

Mitgefühl habe ich mit jenen, welche sich die grenzenlose Freiheit des Universums, mit all seiner Fülle, durch selbstgesetzte Grenzen und selbstzerstörende Glaubenssätze verborgen halten und zugleich ihr Bewusstsein mit Informationen jener benebeln, die es sich zur Aufgabe machten, eine Lüge zu verbreiten. Dies negative Bestreben wurde aus eigenem freien Willen aufgebracht, durch die Einflüsterungen negativer Kräfte, die jenen illusionäre Macht und Geld versprechen, als Gegenzug für ihre Dienste, welche Hass; Leid; Kummer und Lügen verbreiten. Wer diese pure Negativität hinausschickt, wird einst zerfallen, an der eigenen Kraft, die ausgesendet wurde! Ein universelles Gesetz besagt, dass jegliche Gedanken, Worte, Gefühle und Taten, die ein Wesen aussendet, ebenso zu ihm zurückkehren. Es liegt also in der Hand der Menschen, was sie in ihrem Leben manifestieren.

Gedanken erschaffen, Worte kräftigen und Taten bringen zum Ausdruck.

Eine Idee, ein Geistesblitz, eine Erkenntnis
beginnt in den unendlichen Gedankenpforten
und wird hier, in dieser Ebene,
limitiert mit den sogenannten Worten.
Aus diesen Folgen die Taten,
sähen die Frucht im prächtigen Garten.
So halte geduldig dein Wasser rein
und die Frucht wird einst vollkommen sein.«

»Das waren seine Worte?«, fragte ich meine Mutter völlig erstaunt.

»Ja mein Schatz. Jedes Wort verankerte sich so tief in meinem Bewusstsein, dass ich es eins zu eins wiedergeben kann.«

»Wie ist das möglich?«, dachte ich mir leise in meinem Kopf. *»Dies sind beinahe identische Worte, wie jene, die heute Nachmittag ihren Weg in mein Bewusstsein gefunden haben. Wer ist dieser Mann und in welcher Verbindung stehe ich zu ihm? Er wirkt wie Familie für mich, oder besser gesagt, wie ein Teil von mir...«*

Meine Mutter bemerkte meine Nachdenklichkeit, die mir wohl ins Gesicht geschrieben war, öffnete ihre Augen für einen Moment sehr weit, doch fuhr dann mit der Geschichte fort:

»Ich war so sehr von dieser bewusstseinserweiternden Aufführung fasziniert, dass ich einfach nur still dort saß und seinen Worten lauschte, die wohlgemerkt wie eine harmonische Melodie, fast schon wie ein sanfter Zauber, aus seinen Lippen glitten. Er bemerkte meine stille Begeisterung und sagte:

»Liebe Rosa - ich sehe und spüre, sie haben aufmerksam und mit ehrlichem Interesse zugehört. Dies erfüllt mich mit großer Freude. Ich hoffe innig, dass meine Worte ihnen und ihrem Sohn zu der ewigen Freiheit verhelfen, die unser aller Geburtsrecht ist.«

Verwundert über seinen letzten Satz, fragte ich ihn:

»Wie meinen sie das, mit meinem Sohn? Er hat ihre Worte doch gar nicht mitbekommen?«

»Er ist sich meinen Worten sehr wohl bewusst. Fragen sie ihn gerne, was ihm nach meiner Ansprache, die sie, liebe Rosa, zur gegebenen Zeit einwandfrei wiedergeben können, so sehr zum Nachdenken angeregt hat.«

Nachdem meine Mutter genau diese Worte von Herrn Violett wiedergegeben hatte, schaute sie mich für mehrere Sekunden mit starrem Blick an. Dann sagte sie:

»Verstehst du jetzt, Anandriel, warum ich meine Augen eben so weit öffnete?«

»Ja... Es ist mir als sei er gerade hier, Mutter. Ich kenne ihn, doch weiß nicht woher...«

»Nun möchte ich dich aber wirklich fragen, bist du dir seiner Worte bewusst gewesen?«

»Diese waren vor wenigen Stunden, kurz bevor wir hier ankamen, meine Gedanken. Ich führte einen inneren Monolog und beinahe identische Worte, wie jene, die du eben von Herrn Violett wiedergeben hast, flossen durch meinen Kopf. Ich muss gestehen, ich war im Auto über die Tiefgründigkeit des Ganzen sehr beeindruckt, doch dachte nicht weiter darüber nach, sondern nahm es einfach so hin. Dies passierte mir nicht zum ersten Mal. Des Öfteren entspringen die kreativsten Ideen aus meinem Kopf und Herr Violett scheint bestens darüber informiert zu sein.«

Ich sah, wie die feinen Härchen auf den Armen meiner Mutter zu Berge standen und für einen Moment erschien es mir, als sei sie in einer leichten Trance. Sie fasste sich jedoch recht schnell und sagte:

»Die Begegnung mit Herrn Violett vor neun Tagen, barg in sich bereits genügend Ereignisse, die ich erst einmal verarbeiten musste, doch nun fand das Ganze seinen Höhepunkt... Hätte ich es nicht selbst erlebt, würde ich es wohl kaum glauben. Eine völlig neue Welt der Möglichkeiten öffnet sich gerade für mich!«

Ihre Aussage ließ in mir eine große Freude hochkommen und ich konnte nicht anders, als sie einfach zu umarmen. Freudentränen liefen uns beide die Wangen hinunter. Eine außergewöhnliche Energie füllte den Raum und meine Mutter fügte schluchzend hinzu:

»Ich habe das Gefühl, dass sich nun mir bislang nicht sichtbare Ketten aufgelöst haben - doch Anandriel mein Schatz, die Geschichte ist noch nicht zu Ende.«

»Bitte bitte Mutter - ich lausche aufmerksam, das kannst du mir glauben!«, sagte ich wie ein Kind, das vergnügt auf sein Geschenk wartet.

»Das weiß ich doch mein Engel. Herr Violett sagte nach seinen letzten Worten:

»Unsere Begegnung ist kein Zufall, liebe Rosa. Ihre Entschlossenheit, ein Heim hier in der Region zu finden und die derzeitige Entwicklungsstufe ihres Sohnes, haben mir gestattet, sie zu kontaktieren.

Ja, es machte den Anschein, als hätten sie mich kontaktiert, doch ich war mir sehr wohl darüber bewusst, dass sie mein Inserat der besonderen Art zu Gesicht bekommen würden. Meine Schreibweise wies jene ab, die nur das Oberflächliche beachten, doch sie haben den Kern meiner Nachricht erfasst, wenn auch nicht gleich verstanden. Das Vertrauen siegte und ihre Entschlossenheit soll reich belohnt werden! Dieses Heim gehört nun, solange sie es wünschen, ihnen und ihrem Sohn - völlig kostenfrei! Es wurde über viele Jahre immer wieder an gewisse Menschen übergeben, die sich den inneren Lehren der Liebe und Weisheit geöffnet haben. Ihr Sohn ist nun bereit den nächsten Schritt zu gehen und sie haben mit ihrem starken Willen, dieses Heim zu finden, sowie ihrem Vertrauen zu ihrer inneren Stimme, ebenso begonnen, sich für diese Ebenen zu öffnen.

Vertrauen sie ihrem Sohn. Seine Intuition und Scharfsinnigkeit führen ihn bestens auf diesem Weg. Seine Weisheit ist größer als er derzeit zu erfassen vermag. Richten sie nicht nach Alter und Aussehen. Vertrauen sie auf ihr Herz! Es wird sie immer auf den richtigen Weg führen.

Den Flügel, wohlgemerkt, habe ich persönlich, sagen wir herbringen lassen, zum Segen ihres Sohnes und jenen, welche die Ehre haben, zuzuhören. Seine Begabung erstreckt sich in vielen Bereichen, doch gerade die Musik füllt einen großen Teil seiner Seele. Dieser Flügel muss niemals gestimmt werden und bedarf keiner Reinigung. Er steht ewig vollkommen da und dient dem Pianisten mit himmlischen Klängen.«

Herr Violett überreichte mir den Schlüssel des Hauses und sagte mit einer kräftigen Stimme:

»Schon bald wird ihr Sohn mich wieder sehen und alle seine Fragen sollen beantwortet werden. Behaltet stets im Sinn:

Immer nah und niemals fern,
ist es dein innerer Kern.
Er ist der Schlüssel zu allem was ist,
er zeigt dir wer du wirklich bist.«

Mit einer liebevollen und familiären Umarmung verabschiedete er sich, blickte mir noch einmal tief in die Augen, verneigte sich anschließend voller Anmut und verließ sogleich das Haus.

Dort stand ich nun, allein in unserem neuen Heim, völlig sprachlos und blickte mit funkelnden Augen sowie tiefer Dankbarkeit umher. Kannst du das Glauben mein Schatz?«

»Ich glaube dir, ohne auch nur den geringsten Zweifel zu hegen, Mutter! So sonderbar dies auch alles zu erscheinen mag, es fühlt sich für mich echt und wahrhaftig an.«

Wir saßen dort, beim knisternden Kaminfeuer, völlig eins mit dem samtblauen Sofa geworden und dachten im Stillen über die magische Erscheinung von Herrn Violett nach. In einem Ruck stand ich wie vom Blitz getroffen auf und sagte zu ihr:

»Bevor ich zu Bett gehe, möchte ich uns gerne etwas auf dem Flügel vorspielen. Bist du damit einverstanden?«

»Aber natürlich mein Engel.«

Voller Vorfreude gingen wir nach oben. Keiner von uns wusste, welche Klänge uns wohl erwarten würden.

Ein exotischer Duft erfüllte die Luft. Äußerst angenehm, doch was es war und vor allem, wo er herkam, konnte ich nicht sagen.

Ich setzte mich auf den weißgoldenen Hocker und blickte intuitiv auf die Uhr - 19:19 Uhr. Es schien der perfekte Zeitpunkt zu sein. So legte ich meine Hände behutsam auf die Tasten, doch ehe ich zu spielen vermochte, glitt ich in eine Art Tagtraum.

Göttliche Melodien

Alles funkelte wie tausend Diamanten. Farben durchflossen mein Bewusstsein und plötzlich stand ich in einem großen Saal. Er maß mindestens vierzig Meter im Durchmesser! Mächtige Säulen, scheinbar aus dem gleichen weißgoldenen Material wie der Flügel gefertigt, ragten bis ins Unendliche. Die Decke war offen und man blickte direkt ins Universum, gefüllt mit Millionen Sternen, dessen Klarheit ich so noch nicht erlebt hatte.

Geometrische Muster, unmöglich zu zählen, bewegten sich in alle Richtungen durch den Kosmos und bildeten ständig neue Formen. Es wirkte auf mich, als blicke ich direkt in ein großes kosmisches Wesen, dessen Kinder die Sterne sind, die wiederum weitere Kinder auf sich beherbergen, so wie die Menschen auf der Erde. Eine große Familie, erschaffen in Einheit, niemals getrennt. Zusammen erfahren wir unendliche Möglichkeiten, in den Weiten des unbegrenzten Kosmos.

Ewigkeiten hätte ich diese Fülle betrachten können, doch meine Aufmerksamkeit wandte sich wieder dem Raum zu. Der Boden schien aus einem Stück geformt zu sein. Das weißgoldene Farbmuster der Säulen floss, als sei es lebendig, in Boden und Wände. Auf dem Weg zum Mittelpunkt des Raumes änderte sich der Farbton in die uns bekannten Regenbogenfarben und bildete, in der Mitte angekommen, eine blendend weiße Kreisform, auf der sich ein ätherischer Flügel befand. Dort saß ein Mann, dessen Gesicht ich nicht zu erblicken bekam. Er trug eine Art weißes, nahtloses Gewand, auf dem unzählige kleine Diamanten funkelten. Sein Haar, ebenso weiß und leicht gewellt, hing weit über seine Schultern. Wahrlich das Bild eines Gottes.

Es machte den Anschein, als wäre seine Energie mit dem Flügel verbunden - in dem Moment, wo mir dies bewusst wurde, fing er an zu spielen.

Eine himmlische Melodie hallte im ganzen Raum. Jeder individuelle Klang der Tasten barg einen Ausdruck der Vollkommenheit in sich, mit dem jede Zelle meines Wesens belebt und beflügelt wurde. Es war mehr als nur ein Klang - es war ein Erlebnis, das mit jedem Ton eine neue Geschichte erzählte. Ich konnte nicht nur die Melodie hören, sondern sie sogar sehen - so wie ich nicht nur die Farben sehen konnte, sondern sie sogar hörte. Das Gefühl der Zeit verblasste gänzlich.

In einem Augenblick schoss es mich zurück in meinen physischen Körper und ich befand mich wieder im Heim mit meiner Mutter. Der Blick auf die Uhr ließ mich kurz erstarren - nach wie vor 19:19 Uhr. Wo auch immer ich mit meinem Bewusstsein war, Zeit schien dort keine Rolle zu spielen, sondern es wurde einzig und allein der ewige Moment erfahren. Ein Gefühl der Erhabenheit floss durch meinen Körper, und ich wusste, dass ich nun einfach beginnen sollte, zu spielen. Sanft drückte ich die erste Taste und auf einmal erinnerte ich mich an die komplette Melodie, welche der geheimnisvolle Mann zuvor spielte.

Was folgte, war mir bereits bekannt, doch es ist etwas völlig Neues, es selbst zu spielen. Jeder Fingergriff war mir ersichtlich und ich wurde vollkommen eins mit dem Flügel. Die Klänge, die wie ein Zauber durch den ganzen Raum glitten, sind mit keinem Klavier oder Flügel dieser Welt zu vergleichen. Tränen liefen mir mit jeder Sekunde, die verging, meine Wangen hinunter. Die letzten Melodien setzten ein und ich beendete diese einzigartige Komposition mit einer von Dankbarkeit erfüllten Kopfneigung.

Meine Mutter gab keinen Ton von sich. Ich drehte mich um und sah sie zutiefst berührt, mit beiden Händen auf ihrem Herzen verschränkt, und ihren Kopf mit einem von Liebe erfüllten Lächeln verneigt. Dann blickte sie zu mir, ebenso mit Tränen überzogenen Augen. Ihre Liebe war so sehr zu spüren, dass mein ganzes Wesen vibrierte. Sie wollte etwas sagen, doch ihre Lippen zitterten lediglich, ohne dass ein Wort herauskam. Ihr Blick wandte sich kurz nach oben, neigte sich wieder und dann sprach sie schließlich:

»Ich habe in meinem ganzen Leben noch nie etwas so herzergreifendes und herzerwärmendes zu Ohren bekommen. Mir war bei weitem nicht bewusst, dass dies überhaupt möglich ist... Wo hast du das gelernt?«

»Ich habe es nicht gelernt - ich habe mich erinnert. Besser kann ich es dir gerade auch nicht beschreiben...«

»Ich glaube dir«, sagte sie mit einem Blick, der mich keine Sekunde an ihrer Aufrichtigkeit zweifeln ließ. »Was ich in den letzten neun Tagen erlebt habe, mein Schatz, übertrifft bei weitem meine Vorstellungskraft. Niemals hätte ich mir das erträumen können. Es war einfach außerhalb meines Verstandes und doch erfahre ich es nun, weil ich mich dafür geöffnet habe - wenn auch unbewusst. Ich hörte auf mein Herz und folgte diesem sonderbaren Ruf.

All die Grenzen waren doch in Wahrheit selbstgesetzt und keineswegs von Bedarf. Es liegt in unserer Hand, was wir in unserem Leben manifestieren möchten, wie Herr Violett so schön sagte.«

Mit großen Augen, funkelnd wie ein Feld voller Glühwürmchen, schaute ich meine Mutter an. Sie verstand, was ich ausstrahlte und sagte:

»Mein Schatz, ich weiß. Ich bin ebenso überglücklich all dies endlich erfasst zu haben! Es gibt so viel zu entdecken - so viele neue Möglichkeiten. Lediglich mein Kopf bedarf einer Umstrukturierung, um stets dem Guten Einlass zu gewähren und das Schlechte von mir zu weisen. Ich möchte dir von nun an gerne öfters zuhören, wenn du wieder etwas Eigenartiges zu erzählen hast. Es scheint mir tatsächlich, als trägst du bereits ein großes Wissen in dir, dessen Geschenk ich mir mit meiner Unwissenheit verschlossen gehalten habe. Mein Herz sagt mir, ich kann viel von dir lernen!«

»Und ich viel von dir!«, antwortete ich, ohne zu zögern. »Jeder trägt etwas Besonderes in sich, von dem der andere etwas lernen kann. Doch letzten Endes tragen wir alle die gleiche Kraft in uns, die lediglich bei jedem individuell zum Ausdruck gebracht wird, gemäß der unendlichen Möglichkeiten, die es gibt.«

»Mein Schatz, ich bin so glücklich!«, sprudelte es plötzlich aus ihr raus. Sie umarmte mich eine Weile ganz Dolle und sagte dann:

»Heute ist wirklich viel passiert. Bitte hab Verständnis für meinen Wunsch, nun zu Bett zu gehen und im Stillen über alles nachzudenken.«

»Selbstverständlich Mutter.«

»Ach ja«, fügte sie hinzu. »Mich würde es keineswegs stören, wenn du noch etwas auf dem Flügel spielst. Mein Schlaf wird wohl noch auf sich warten lassen.« Sie verließ den Raum.

Da saß ich nun, völlig beflügelt von all diesen gesegneten Erlebnissen. Ich musste es selbst erst einmal verarbeiten. An Schlaf war jetzt auch für mich keineswegs zu denken. So entschied ich mich, noch eine Weile auf dem Flügel zu spielen.

Jegliche Stücke bekamen auf diesem Meisterinstrument einen völlig neuen Charakter. Es war mir ein Rätsel, wie man solch einen Klang erschaffen kann. Jeder Ton hörte sich einfach nur perfekt an.

Die Zeit verging wie im Flug und ich begab mich irgendwann, zu später Stunde, ins Bett.

Eine unerwartete Reise

Der nächste Morgen brach an und ich wachte aus einer scheinbar traumlosen Nacht auf. Ein himmlischer, wirklich einzigartiger Vogelgesang weckte mich ganz sanft. Ich blickte zum Fenster und sah einen sonderbaren Vogel, dessen Federn in einem kräftigen Emeraldgrün schimmerten. Er schaute kurz zu mir, gab einen weiteren entzückenden Ton von sich und sauste sogleich davon.

Munter begab ich mich durchs Wohnzimmer, begrüßte den prächtigen Flügel und ging weiter Richtung Balkon. Mit ordentlichem Kraftaufwand öffnete ich das Tor Asgards und dann sah ich ihn wieder - den gleichen emeraldgrünen Vogel wie vorhin. Diesmal schien er etwas anderes gesagt zu haben, verriet seine leicht veränderte Tonlage. Er zwitscherte, hüpfte freudig umher und flog sogleich in die Lüfte. Es war äußerst amüsant seine Kunststücke zu beobachten. Spiralen, Drehungen und steile Manöver gefolgt von sanftem Gleiten. In einem Ruck gewann er rasch an Tempo und flog geradewegs zum großen Berg, welcher in der Ferne zu sehen war. Majestätisch stand er dort und ich gab ihm den Namen: Der magische Berg. Mein Gefühl sagte mir, dass ich mich zu ihm begeben sollte. Es war Samstag morgens, noch recht früh, somit blieb genügend Zeit seine Wälder und Wege zu erkunden.

Schon immer reizt es mich, Abenteuer zu erleben. Ich liebe es, etwas Neues zu entdecken. Ich nahm noch einmal einen kräftigen Atemzug der frischen Morgenluft und bereitete sogleich alles vor, beginnend mit dem Proviant.

Ich habe gerne genügend dabei, ohne viel mitzunehmen. Ein Glas Waldhonig, passend zum Ambiente, mit einem halben Laib des glutenfreien Rohkostbrotes, erwies sich als optimal. Schnell verfügbarer natürlicher Zucker, gewonnen aus den Blüten der Wälder, mit einem nahrhaften, gesunden Brot - selbstverständlich alles Bio. Hinzu kam eine Flasche Quellwasser, energetisiert durch ein Abbild der Blume des Lebens, die im Inneren eingraviert wurde.

Vor langen Wanderungen trinke ich gerne genügend stilles Wasser. Dadurch bin ich ausreichend mit Flüssigkeit versorgt und muss im Weiteren nicht so viel Wasser mit mir rumschleppen. Das spart Gewicht, wodurch die Wanderung deutlich erleichtert wird. Sollte ich doch mal übermäßig durstig werden, findet sich sicherlich irgendwo eine frische Bergquelle.

Anschließend packte ich noch meine kleine Taschenlampe sowie das Multifunktionstaschenmesser meines Vaters ein. Er befindet sich gerade wahrscheinlich auf dem Meer - ein richtiger Seemann. Liebt Wind und Wetter. Sein kleines Segelboot hat schon beachtliche Reisen unternommen.

Beschwingt von der fröhlichen Atmosphäre und motiviert durch das bevorstehende Abenteuer, bereitete ich ein kleines Frühstück vor. Der andere halbe Laib des glutenfreien Rohkostbrotes war schließlich noch übrig. Einige Scheiben wurden mit frisch geschnittenen Avocados bestückt und durch eine Prise

Himalaya-Salz sowie schwarzem Pfeffer verfeinert. Die anderen überzog ich reichlich mit Honig und meiner Lieblings Schoko-Kokoscreme - selbstverständlich alles Bio.

Genüsslich speiste ich von diesem gesegneten Essen. Es mundete vorzüglich, besonders an der Arthurplatte, dessen Darbietung dem Ganzen einen königlichen Hauch verlieh. Ich warf einen kurzen Blick auf die Uhr - exakt 11:11 Uhr. Der perfekte Zeitpunkt, um das Abenteuer zu beginnen.

Rasch ging ich die Treppe hinunter, begrüßte und verabschiedete mich im selben Satz bei meiner Mutter und sauste sogleich die Tür hinaus.

Der Himmel strahlte in einem tiefen Blau. Nirgends waren Wolken zu sehen. Unsere geliebte Sonne erwärmte mich mit ihrer ewig leuchtenden Präsenz und zauberte mir ein liebliches Lächeln auf die Lippen. Wie ein Kind stolzierte ich im Takt des Lebens durch die weiten Straßen und war erneut durch die Sauberkeit in allen Ecken fasziniert. Die gepflegten Vorgärten und gekehrten Gehwege verrieten, dass jeder einen kleinen Teil dazu beiträgt.

Wenn die Menschen ihr Umfeld respektieren und diese Moral stets beibehalten, dann wird es niemals Verschmutzung geben können, sondern alles wird mit Liebe zur Reinheit sauber gehalten.

Es erfordert wirklich nicht viel - lediglich einheitliches, harmonisches und aufbauendes Denken sowie Schaffen.

Nach wenigen Minuten erreichte ich den Eingang des Waldes. Ich setzte gerade meinen ersten Schritt auf den erdigen Untergrund, da überkam mich ein Gefühl, als würden mich alle Bäume anschauen. Tatsächlich sahen manche Stellen ihres massiven Stamms wie holzige Augen aus. Ihre Energie war zweifelsfrei durch den Boden zu spüren. Sie hießen mich herzlichst willkommen.

Es knisterte und knatterte von allen Seiten. Fasziniert blickte ich umher, gänzlich umhüllt von der magischen Atmosphäre - da schoss plötzlich wie aus dem Nichts eine elektrische Ladung durch meinen Körper, beginnend in den Füßen bis hin zum Scheitel meines Haupts. Die Wahrnehmung veränderte sich. Scharfsinnig, wie ein Panther, konnte ich auf einmal weit in den Wald blicken und jedes noch so kleine Geräusch vernehmen. Überall ist Leben! Schon immer da gewesen, wartete es geduldig, erkannt und erfahren zu werden.

Ich ging in die Knie, berührte mit meinen Fingerspitzen den Boden und schoss im Bruchteil einer Sekunde nach vorne. In einem enormen Tempo, begleitet von Balance und grenzenloser Kraft, rannte ich durch den Wald. Nicht eine einzige Pflanze wurde beschädigt. Mit einer beachtlichen Präzision hüpfte ich von Fels zu Fels, über Wurzel und Gebüsch, bis ich wieder den Weg erreichte. Gelegentlich war es von Bedarf über weite Distanzen zu springen. Als hätte ich nie etwas anderes gemacht, gelang mir dies spielend leicht. Meine Hände packten mit starker Griffkraft nach massiven Zweigen und ich schwang wie ein Schimpanse von Ast zu Ast. Ein wilder Schrei entwich plötzlich aus meinem Munde, mit dem ich das Leben in meinen Zellen bejubelte.

Noch ein letzter Schwung, gefolgt von einem weiten Sprung und ich stand direkt am Berg. Ein schmaler Pfad führte weit hinauf, unersichtlich, wo er denn endete. Ich wusste, hier muss ich hoch.

Es vergingen gut drei Stunden, bis ich einen Vorsprung nahe des Gipfels erreichte. Der Weg teilte sich in zwei Pfade, doch keiner schien mir der Richtige zu sein. Ich entschied mich, eine kurze Rast einzulegen. So brach ich mir ein gutes Stück vom Brotlaib ab, tunkte es reichlich in das Honigglas und speiste von meinem Proviant.

Die Aussicht war traumhaft. Bis zum Horizont konnte ich blicken. Von dort oben erscheint alles so friedlich. Ein kurzer Wechsel der Perspektive genügt und schon sieht die Welt ganz anders aus.

Nach einigen Momenten der stillen Achtsamkeit, wurde es schließlich Zeit, weiterzuziehen - doch ich wusste immer noch nicht wo lang. Die zwei Pfade wirkten nach wie vor ungeeignet. Ich blickte umher und entdeckte eine auffällige Stelle. Man musste mit scharfem Blick hinschauen, damit man überhaupt etwas erkannte. Es erschien mir von Mutter Natur gewollt, um sie vor falschen Blicken zu schützen. Klettern war nun erforderlich.

Die Felsen ragten geradewegs nach oben. Vorsichtig stieg ich auf die scharfkantigen Steinbrocken, ein Fuß nach dem anderen, bis die Felswand eine Wende machte. Behutsam schlängelte ich mich entlang des Berges. Der Vorsprung, an dem ich startete, war nicht mehr zu sehen. Ich blickte hinunter, schätzungsweise 2000 Meter in die Tiefe und sah den Wald nur noch ganz klein in der Ferne. Jetzt ging es wieder nach oben. Jeden Schritt führte ich mit großem Respekt aus. Angst hätte verheerende Folgen mit sich bringen können, doch Respekt und Vertrauen hingegen schien mir als die einzig richtige Einstellung, um mein Ziel sicher zu erreichen.

Nach drei Metern packten meine Hände wieder auf festen Untergrund. Ich kletterte hinauf und stand nun bei der zuvor erblickten auffälligen Stelle, zwischen einer Kuhle zweier Felswände. Eine kleine Öffnung führte direkt in den Berg hinein.

Ich muss gestehen, es wirkte schon etwas bedrückend. Nicht nur die Enge, sondern auch die Dunkelheit, welche mir das Ende unersichtlich machte. Gott sei Dank ist mein Körper schlank gebaut. Mit etwas mehr Masse am Bauch, hätte es schon schwierig sein können.

Seitwärts schlängelte ich mich hindurch, bewegte mich dicht am Gestein entlang und hoffte einfach nur, bald wieder Licht zu sehen. Zwischenzeitlich musste ich die Richtung wechseln und selbst die Steigung änderte sich an gewissen Stellen. Es schien kein Ende zu nehmen und wirklich schnell konnte ich mich nicht fortbewegen. Geduld war angesagt und als ich dies akzeptierte, sah ich plötzlich Licht aus der Ferne. Was für ein großartiges Gefühl!

Ein wenig später trat ich endlich wieder aus dem Felsen hinaus und stand nun auf einer Plattform. Verdeckt durch Büsche und Felsen, war sie vor jeglichen Blicken geschützt. Kein Helikopter; Flugzeug oder Fallschirmspringer hätte sie jemals entdecken können. Das Sonnenlicht strahlte leicht hindurch und erhellte einen langen Pfad. Dieser führte noch tiefer in den Berg hinein.

Ich las oft von Geschichten der Zwerge und deren außergewöhnlichen Fähigkeiten, Pfade und Tore in Bergen gänzlich verschwinden zu lassen. Nur der Eingeweihte wusste, wie sie zu finden waren. Der lange Pfad auf der Plattform, mit seinem raffiniert ausgeklügelten Sichtschutz, erschien mir als ein ähnliches Phänomen, jedoch durch Mutter Natur hervorgerufen.

Langsam bewegte ich mich entlang des Weges. Die Luft schien durch eine Art Zauber erfüllt zu sein, der sich mit jedem Atemzug in meinen Zellen verteilte.

Je weiter ich vordrang, desto mehr zogen sich die Büsche und Felsen zu, bis ich meine Taschenlampe auspacken musste, um überhaupt noch etwas zu erkennen. Nach weiteren zwanzig Metern erblickte ich einen Höhleneingang aus der Ferne. Je näher ich ihm kam, desto mächtiger offenbarte sich sein Ausmaß. Der Weg passte sich langsam den Maßen der Höhle an und fasste am Ende eine Breite von rund zwanzig Metern, wohingegen die Höhe mit zwei Metern recht bescheiden ausfiel.

Ich ging hinein und stellte zu meinem Erstaunen fest, dass die Decke weit nach oben ragte. Selbst durch das Licht meiner Taschenlampe war das Ende nicht zu sehen.

Stille ... Überall einfach nur Stille ... Mein Atem glitt wie ein Geist durch die Luft, bis er im Dunkeln wieder verblasste. Ein Gefühl sagte mir, ich solle weiter voranschreiten. So ging ich langsam ins Unbekannte. Jeder meiner Schritte hallte bis tief in den Berg hinein.

Nach wenigen Metern zeigte sich ein schmaler Gang in der Felswand. Zunächst blieb ich wie festgefroren stehen, rappelte mich jedoch schnell wieder auf und leuchtete den Pfad entlang. Stufen waren zu sehen! Sie müssen sehr alt gewesen sein, dennoch gut erhalten. Tief, sehr tief führten diese den Berg hinab. Eine Fackel hing am Eingang und gleich daneben eine Schale, gefüllt mit Öl.

Ich fragte mich, wie ich diese entzünden solle. Für einen Moment hielt ich inne. Dann schoss es wie ein Geistesblitz in mein Bewusstsein: *»Das Multifunktionstaschenmesser meines Vaters! Es enthält einen kleinen Feuerstein!«* Gleich beim ersten Versuch flammte die Schale auf und ich tunkte die Fackel hinein.

Nun ging es tiefer in den Berg. Behutsam schritt ich durch den langen Gang. Er schien endlos zu sein und ich fragte mich ehrlich gesagt, wer diesen erbaut hat. Es muss eine enorme Arbeit gewesen sein, außer man hat sich nicht-physischer Hilfsmittel bedient.

Nach einer gefühlten Ewigkeit zeigte sich endlich die letzte Stufe. Gleich dahinter erstreckte sich ein großer Raum, doch wieder war das Ende nicht zu erkennen. Erneut überkam mich ein Gefühl, ich solle im Vertrauen geradewegs voranschreiten. Mir blieb nicht wirklich etwas anderes übrig, denn ich wollte unbedingt wissen, was es hier zu entdecken gibt!

Schritt für Schritt ging ich weiter ins Unbekannte. Ein eigenartiges Gefühl, doch da musste ich durch. Jegliche negativen Gedanken wies ich unverzüglich von mir und richtete stets meine Aufmerksamkeit zur mächtigen ICH BIN Präsenz, unser wahres Selbst, unser Gott-Selbst. Ich wusste, mit innigem Vertrauen und fester Entschlossenheit werde ich zu meinem Ziel geführt.

Nicht mal eine Minute verging und schon war zu meiner Linken etwas zu sehen - eine riesige Feuerschale, zwei Meter im Durchmesser, gefüllt mit Öl! Die gleiche zu meiner Rechten, in einem Abstand von drei Metern. Die Fackel neigte sich dem Ende zu, so entzündete ich rasch das Feuer. Beide Schalen erhellten eine große Fläche der Plattform und augenblicklich folgten die Flammen einer weiteren Ölspur, die tiefer ins Unbekannte führte. Schnell breitete sich das Feuer aus, bis es nach schätzungsweise neun Metern in einem großen Bogen zusammenlief. Mittig bildete sich eine flammende Sonne und gab im Antlitz ihres Lichtes ein Tor zu erkennen. Vom Feuer umhüllt, ging ich langsam darauf zu.

Das Material war mir nicht bekannt. Weder aus Stein noch aus Holz oder Metall gefertigt, machte es den Anschein, als sei es unzerstörbar. Nirgends war ein Griff zu sehen, lediglich eine feine vertikale Linie, mittig ausgerichtet, die durch das ganze Tor ragte. Ich drückte mit beiden Händen kräftig dagegen, doch nichts passierte. Nicht mal ein Millimeter an Bewegung war zu vernehmen. Ratlos stand ich dort und fragte mich, wie es denn nun weiter gehen soll. Ich konnte nichts Auffälliges sehen. So ging ich einen Schritt zurück, kräuselte meinen bescheidenen Bart und beäugte das Tor nochmal im Ganzen. Da sah ich es plötzlich - unter einer leichten Staubdecke war ein Zeichen zu erkennen. Rasch ging ich auf das Tor zu und wischte den Dreck von der Oberfläche. Ich konnte meinen Augen kaum glauben - es waren Schriftzeichen! Ähnliche Zeichen wie jene auf meiner Haustüre. Ich wusste immer noch nicht, was diese zu bedeuten hatten. Es war ein guter Zeitpunkt, es herauszufinden. Lautstark rief ich:

»Liebe innere Stimme - Du hast nun schon so oft zu mir gesprochen und stets habe ich deinem Ruf Folge geleistet. Nun spreche ich zu dir und bitte dich um deinen Rat.«

Plötzlich hallte eine Stimme von allen Seiten durch den Raum:

»Schließe deine Augen, doch lediglich zwei
und blicke anschließend durch Nummer drei.«

Mehrfach wiederholte ich die Verse in meinem Kopf und lief

dabei auf und ab. Dann überkam es mich in einem Ruck.

»Das Auge von Horus, aber natürlich - meine Zirbeldrüse!«, sagte ich mit einer Dynamik in meiner Stimme wie Sherlock Holmes, wenn er eines seiner Rätsel löste. Ein sanftes und entzückendes Lächeln hallte durch den Raum - es wunderte mich keineswegs.

Ich positionierte mich direkt vor dem Tor, blickte auf die Schriftzeichen und schloss meine Augen. Wie noch nie zuvor, geladen mit Willenskraft, fokussierte ich mich auf meine Zirbeldrüse und spürte augenblicklich einen starken Druck auf meiner Stirn. Farben durchflossen mein Bewusstsein und formten langsam Buchstaben, die wirr umherflogen. Ich packte noch einmal all meine Kraft zusammen und sogleich ordneten sich die Buchstaben in einer Reihe an: Ich bin das ICH BIN.

Ein Gefühl sagte mir, ich solle es laut und mit Überzeugung ausrufen. So tat ich, was meine Intuition mir offenbarte:

»Ich bin das ICH BIN!«

Ein mächtiges Geräusch ertönte! Die Schriftzeichen begannen zu leuchten und das Tor öffnete sich. Mit jedem Zentimeter, in dem der massive Bau aufglitt, entwich ein weißes, stark blendendes Licht aus seinem Inneren - so stark, dass ich meine Augen kaum offenhalten konnte. Ich fiel auf die Knie. Tränen liefen mir ununterbrochen die Wangen hinunter.

Plötzlich berührte mich eine Hand und zeitgleich strömte eine elektrische Ladung durch meinen gesamten Körper, wodurch ich in einem Ruck wieder auf meinen Füßen stand. Ohne Anstrengung konnte ich nun in das Licht blicken und sah direkt vor mir ein weibliches Wesen.

Das Tor zu einer anderen Welt

Ihre Schönheit übertraf alles, was ich bisher jemals zu Gesicht bekommen hatte. Die Haut schien seidenglatt und vollkommen rein, ohne Poren. Ihre Augen leuchteten in einem kräftigen Indigo Farbton. Langes goldenes Haar ragte ihren gesamten Rücken hinunter und war so voluminös wie der Kranz eines Pfaus.

Ihren perfekten Körper bedeckte eine Tunika aus mehreren elastischen Goldplatten, verziert mit feinen Mustern. Sie wurde an der Hüfte durch einen Gürtel aus Diamanten gehalten.

Sandalen wie die alten Griechen sie trugen, waren mit goldenen Schnüren bis zu ihren Knien gebunden. Diese schienen aus einer Art Leder zu sein, doch deutlich schöner als jegliches Material der Erde.

In ihrer rechten Hand hielt sie einen großen goldenen Speer, dessen Spitze von indigofarbenen Steinen umkreist wurde. Zwischenzeitlich entsprangen Blitze aus ihrem Innersten.

Für eine Weile blickte ich sie einfach nur starr an, mit weit geöffneten Augen! Tausende Fragen schossen mir durch den Kopf, doch ehe ich mich für eine entscheiden konnte, antwortete sie mir mit den Worten:

»Ich bin Eluria, Hüterin der goldenen Stadt.«

In sprachloser Faszination blickte ich noch tiefer in ihre wunderschönen Augen. Leicht lächelnd sagte sie:

»Du bist durch ein Portal geschritten. Es gibt neun Eingänge im Garten Eden.«

Sie bemerkte meinen Gesichtsausdruck sowie zweifelsfrei auch die dazugehörige Frage in meinem Kopf und fügte hinzu:

»Ja, für euch liegt dieser Begriff weit in der Vergangenheit, doch wir blicken durch den Schleier und wissen, dass Sophia, oder wir ihr sie nennt, Mutter Erde, ihre Gärten in einer zuvor noch nie erblickten Fülle und Pracht wieder blühen lässt.

Der Mensch befindet sich an der Schwelle zum nächsten goldenen Zeitalter. Die Schattenmauern jener machtgierigen manipulierten Menschen eurer Welt fallen in sich zusammen und die Vielen unter euch, die von Wenigen über Jahrhunderte versklavt wurden, erkennen endlich die Wahrheit. Ein weltweiter Umschwung von Armut zu Reichtum, von Sklaverei zu Freiheit, von Lügen zur Wahrheit, findet statt.

Jene für euch unsichtbaren Ketten der dunkelsten Kräfte haben keinen Einfluss mehr auf euch! Eure Herzen öffnen sich weit und lassen Liebe in alle Ebenen fließen. Die dunklen Kräfte können dieser hohen Vibration nicht standhalten und fliehen, doch vergeblich. Wir haben euer Sonnensystem mit einer Barriere des Lichts umhüllt, die nur göttliche Liebe passieren darf.

Durch euer Licht, das ihr in Einheit aussendet, entsteht ein mächtiger Blitz in unserer Sonne, der durch das ganze Sonnensystem strömt und alle Dunkelheit im Lichte aufzehrt. Was euch über Äonen Kummer und Leid bereitete, ist gänzlich fort, mit all seinen Anhängern! Ein von euch lange vergessenes Gefühl der Freiheit und Reinheit erfüllt euer ganzes Wesen.

Wir, jene die bereits durch den Schleier blicken und das Licht der Wahrheit erkennen, dürfen uns nun endlich euch allen zeigen! Die gesamte Galaxie feiert das Fest des Friedens.«

Als sie ihren letzten Satz beendete, erfüllte sich plötzlich

mein Herz mit einem Gefühl, als würde flüssiges Gold hindurchfließen. Eluria blickte mich mit großer Freude an und sagte:

»Wie ich sehe, hast du die Wahrhaftigkeit meiner Prophezeiung erkannt. Du bist mit deiner inneren Entwicklung weiter, als du es derzeit zu erfassen vermagst. Werde dir deiner Kraft bewusst, Anandriel!

Komm nun, ich möchte dir einen Teil der Stadt zeigen.«

Für einen Moment blieb ich vollkommen still stehen. Dann kam es aus mir raus:

»Eluria... Mich durchläuft eine Welle der verschiedensten positiven Gefühle! Es ist, als erwache in mir ein Teil, den ich lange gesucht habe. Dieser Ort hier kommt mir sehr bekannt vor...«

Lächelnd sagte sie:

»Diese und weitere Welten sind dir sehr wohl bekannt! Du verließt einst dein Heim, mit vielen anderen Brüdern und Schwestern, aus Welten und Ebenen der höheren Dimensionen, um die Menschheit und den Garten Eden aus der Dunkelheit zu befreien. Aus reiner Liebe habt ihr einst den Pfad des Vergessens gewählt und seid auf der Erde inkarniert. Man nennt euch „die Sternensaat“. Verteilt auf dem ganzen Planeten, helft ihr den Menschen beim Aufstieg, auch wenn es vielen nicht bewusst ist. Durch euer individuelles energetisches Muster, das ihr in euch tragt, verankert ihr diese hohen Vibrationen im Kollektivbewusstsein.

Wir, jene die bereits durch den Schleier blicken und das Licht der Wahrheit erkennen, führen euch alle aus dem für euch Unsichtbaren. Ihr vernehmt unseren Ruf als eine innere Stimme, ein starkes Gefühl oder ein Zeichen jeglicher Art und besinnt euch dadurch eures Weges, eurer Mission, eures Ursprungs.

Ihr seht, was den meisten verborgen bleibt, fühlt, wovor sich die meisten verschließen, und sprecht aus, was sich die meisten nicht trauen. Die Welt braucht euch und es ist wichtig, dass ihr euch trotz jenes Spottes der Massen, nicht von eurem Weg abbringen lasst! Wisset immer, das Herz der Menschen ist rein, lediglich bei vielen von einer riesigen Illusion bedeckt, die sich geschickt versteckt.

Verstrickt euch nicht in den negativen Gefühlen anderer, sondern sendet Liebe aus. Bleibt eurem Herzen treu, dadurch werdet ihr immer siegen!

Wisset auch, keiner ist besser oder schlechter als der Andere. Wir durchlaufen alle individuelle Erfahrungen, bei denen sich oftmals die Wege einiger kreuzen. Doch niemals umeinander zu urteilen, sondern um voneinander zu lernen!

Wir alle tragen die gleiche Kraft, die Kraft Gottes in unserem Herzen! Denkt, fühlt und sprecht die Wahrheit, so wird sie sich im Kollektivbewusstsein verankern und das Licht Gottes erhellt selbst die dunkelsten Stellen!«

Ihre Präsenz war so machtvoll und zugleich von so viel Liebe erfüllt. Jedes ihrer Worte klang tief in meinem Herzen nach. Ich sagte zu ihr:

»Eluria - Hier auf der Erde drücken wir gerne unsere Liebe durch eine Umarmung aus. Gestattest du mir...« Ehe ich meine Frage zu Ende formulierte, öffnete sie ihre Arme, umringte mich ganz lieblich und antwortete:

»Auch wir, mein lieber Anandriel, sind uns dieser Geste sehr wohl bewusst.«

Die Liebe, welche sie von ihrem ganzen Wesen aussandte, ließ meinen gesamten Körper vibrieren.

»Ich fühle mich, als könnte ich schweben, und mein Körper weist keinerlei Erschöpfung auf!«, rief ich aus einer starken inneren Kraft heraus. »Alle meine Emotionen sind deutlich intensiviert und strömen wie ein Energieball durch mein Wesen!«

»Damit du dich in dieser Ebene aufhalten kannst, war es

von Bedarf, deine Vibration zu erhöhen. Dein innerer Entwicklungsstand sowie deine strickte, reine Ernährung, haben deinen Körper und Geist so sehr gefestigt, dass du, wenn auch nur für eine kurze Zeit, hier mit uns verweilen kannst. Schon bald wird es dir möglich sein uns immer und solange du es wünschst zu besuchen.

Komm nun - nutzen wir die Zeit, die noch verbleibt, um dich durch die Stadt zu führen.«

Wir folgten einer beinahe durchsichtigen Brücke, strukturiert aus Licht. Regenbogenfarben liefen links und rechts wie bei einem Wasserfall bis in die Unendlichkeit hinab. Ein Blick hinunter verriet Fülle anstatt Leere - eine Fülle an Sternen und Planeten. Vor uns ragte ein mächtiges goldenes Schloss weit in die Höhe. Bestückt mit zahlreichen spitzen Türmen und umringt von einer Mauer, länger als mein Blick ihr Ausmaß erfassen konnte, schwebte es im unendlichen Raum.

»Es muss Ewigkeiten dauern, dies zu bauen«, dachte ich leise in meinem Kopf. Sogleich antwortete Eluria mit ihrer lieblichen Stimme:

»Mächtige Wesen erbauten dieses Schloss durch die Kraft ihrer Gedanken. Es bedarf keines physischen Werkzeuges, lediglich der gebündelten Kraft Gottes. Die gleiche Kraft steckt in dir sowie in jedem!«

»Eluria«, sagte ich voller Freude, »immer wieder machst du mich darauf aufmerksam, dass egal wie groß die Werke erscheinen mögen, auch ich und alle Menschen dazu in der Lage sind, diese mit der Kraft Gottes in uns zu vollbringen. Niemals stellst du dich über mich, sondern gibst mir das Gefühl, neben dir zu stehen.«

»So ist es mein Kind - ich stehe neben dir, lediglich mit mehr Erfahrung und Weisheit, doch ich stehe neben dir! Wenn die Menschen eines Tages zu dem Gott und der Göttin in ihrem Inneren erwachen, werden auch sie solch große Werke und noch viel größere vollbringen!«

Gleich nachdem sie ihren letzten Satz aussprach, ertönte von allen Seiten eine fürstliche Musik, doch nirgends waren Instrumente oder Lautsprecher zu sehen. Es war Musik aus dem Ether. Ein blendendes Licht erhellte das gesamte Tor und es öffnete sich sogleich. Das Gefühl, das in diesem Moment durch mein Wesen strömte, bedarf einer neuen Wortschöpfung. Es war mehr als nur faszinierend - die Faszination potenzierte sich um ein Vielfaches. Es war, als hätte sich ein fehlendes und lang ersehntes Puzzleteil meinem Geist beigefügt.

Ein Paradies der Natur, mit einer mir völlig unbekannten Vielfalt an Bäumen; Büschen und Blumen erstreckte sich bis weit in die Ferne. Architektonische Meisterleistungen, seien es Türme; Hallen oder sonderbare Gebäude frei von Grenzen, füllten diese Ebene. Die natürlichen Elemente waren mit den Bauten verbunden, sodass ein einheitlicher Übergang gegeben war. Alles bewegte sich, als würde eine unsichtbare Kraft hindurchfließen! Pflanzen wuchsen binnen Sekunden und änderten zwischenzeitlich Form und Farbe.

»Wer bestimmt, was wann und wo wächst?«, fragte ich Eluria.

Sie berührte meine Stirn und ich sah vor meinem geistigen Auge, wie diese Ebene erschaffen wurde. Große kosmische Wesen bündelten einst ihre Kräfte und füllten den Raum mit einer mir gänzlich unbegreiflichen Kreativität und Vollkommenheit.

»Diese Welt ist aus Licht und Bewusstsein strukturiert«, sagte Eluria. »Das Leben ihrer Schöpfer wärt ewiglich in allem was du hier erblickst. Durch genügend Liebe, in Harmonie mit Weisheit und Kraft, vollbringen sie solch große Werke.

Komm, ich möchte dich an etwas erinnern.«

Sie hakte sich in meinen Arm ein und wurde ganz still. Dann bildete sich ein violetter Kreis, in dem sich geometrische Muster, symmetrisch ausgerichtet, bewegten und ineinander drehten. In einer Spirale floss das violette Licht durch unsere Körper und ragte weitere zwei Meter in die Höhe, bis es in einem Wimpernschlag hell aufblitzte.

Wir befanden uns plötzlich in einem gigantischen Gebäude. Freude sprudelte aus mir raus und ich rief:

»Das war genial - einfach nur fantastisch!«

»Ich dachte mir, dass es dir gefallen würde«, gab sie lächelnd zur Antwort. »Für uns geschieht es meist sofort, innerhalb eines Gedanken, schneller als Licht, doch ich weiß wie sehr dein Herz sich öffnet, wenn du die magischen Prozesse im Detail erfassen kannst. So mein Gedanke, ich bringe dir etwas Vertrautes ganz nahe.«

Wie ein glückliches Kind schaute ich Eluria an. Sie fügte hinzu:

»Du siehst, es gibt keine Grenzen. Alles ist möglich und wer die Teleportation mit Farben und Formen ausführen möchte, kann dies nach freiem Belieben tun.«

Mein Grinsen erstreckte sich bis weit über meine Wangen, bis sich mein Mund plötzlich öffnete und meine Kinnlade fühlend bis zum Boden hing. Vor mir ging ein katzenartiges Wesen, auf zwei Beinen - graziös und von höchster Eleganz. Dann sah ich weitere! Manche humanoid, lediglich mit katzenartigem Kopf, und andere vollkommen katzenähnlich. Ihre Augen strahlten eine enorme Scharfsinnigkeit aus.

Je länger ich umherblickte, desto euphorischer wurde mein Empfinden. Eine enorme Vielfalt der verschiedensten Wesen ging hier durch den gigantischen Komplex. Darunter etliche mir bekannte Tierarten, seien es Löwen; Panther; Tiger; Wölfe oder Bären, um nur ein paar zu nennen. Des Weiteren wunderschöne vogelartige Wesen, von dem eines ganz besonders auffiel - ein goldener humanoider Adler, mit einer Flügelspannweite von mindestens neun Metern! Selbst Wasserwesen gingen hier umher, mit leuchtenden und teils durchsichtigen Schuppen, sodass man das Wasser in ihren Körpern fließen sah. Doch einige Wesen waren für mich gänzlich neu. Manche hatten eine blaue; rote oder grüne Hautfarbe, dazu mehr oder weniger als fünf Finger an einer Hand, und teilweise eine Körpergröße von über drei Metern. Andere waren dem Menschen sehr ähnlich, mit riesigen Augen; feinen Gesichtszügen und perfekten Körperbauten. Jeder barg ein einzigartiges Merkmal in seinem physischen Erscheinungsbild, doch trotz all der Unterschiede füllte zugleich ein starkes Einheitsgefühl den ganzen Raum. Alle respektierten und liebten einander wie eine große Familie. Dies war zweifelsfrei zu spüren!

Zu meinem Erstaunen stellte ich fest, dass keiner mit dem Mund zu sprechen schien, und doch nahm ich überall eine Art der Kommunikation wahr. Wieder lächelte Eluria und sagte:

»Deine Scharfsinnigkeit ist denen der katzenartigen Wesen, wie du sie nennst, äußerst ähnlich. Schließe deine Augen.«

Ich tat, was sie sagte. Langsam füllten Farben den Raum, aus denen sich geometrische Muster bildeten, die schließlich das Abbild von Eluria formten. Ihr bezauberndes Lächeln breitete sich sogleich auf ihren wunderschönen Lippen aus. Schon hörte ich ihre Stimme, doch ihr Mund bewegte sich nicht.

»Öffne nun deine Augen.«

Ich tat wieder, was sie sagte. Glasklar konnte ich ihre Stimme vernehmen, mit den Worten:

»Selten benutzen wir den Mund zum Sprechen - einige von uns gar nicht. Meist nur um mit jenen zu kommunizieren, die ihre telepathischen Fähigkeiten noch nicht weit genug entwickelt haben. Worte wie diese, mit denen ich gerade zu dir spreche, limitieren die Möglichkeiten etwas auszudrücken. Durch die Telepathie übermitteln und empfangen wir eine Fülle an Bildern; Gefühlen; Farben und Klängen. So können wir alles ganz genau wahrnehmen. Ich zeig es dir.«

Sie berührte erneut meine Stirn. Ein blendend weißes Licht schoss durch meinen Kopf und ich hatte auf einmal das Gefühl, einen Teil von mir wiedergefunden zu haben! Eluria blickte mir tief in die Augen und ich sah eine komplette Zeitepoche unserer Geschichte binnen Sekunden in lebendigen Bildern durch mein Bewusstsein gleiten. Man muss es erlebt haben, um dies nachempfinden zu können.

Auch mir war es möglich, was immer mir beliebte, mittels der Telepathie auszudrücken. Ich sandte in lebendigen Bildern gefolgt von intensiven Gefühlen, einen Ausdruck der Liebe und Dankbarkeit zu Eluria. Sie empfing es augenblicklich und sandte Gleiches zu mir. Ich war zutiefst berührt.

Mit Tränen überzogenen Augen blickte ich zu all den anderen Wesen und fragte, ohne speziell jemanden auszuwählen, ob ich mich mit ihnen verbinden darf. Es schien mir, als willigten alle Anwesenden ein und ich konnte daraufhin den interessantesten Gesprächen lauschen. Nichts blieb mir geheim. Offen und ehrlich tauschten wir uns aus.

Obwohl ich mich nicht erinnerte, kam mir diese Art der Kommunikation doch sehr bekannt vor. Mit ihr ist alles ersichtlich - Missverständnisse bleiben aus. Es ist die universelle Sprache.

Meine Schwingung wurde in dieser Ebene stark erhöht und somit mein Bewusstsein weit ausgedehnt. Dadurch konnte ich eine enorme Fülle an Bildern; Gefühlen; Farben und Klängen wahrnehmen. In wenigen Sekunden empfing ich ein breites Spektrum an Informationen, das ganze Bücher hätte füllen können. Dies bestätigte mal wieder meine Vermutung, dass es nur auf das Bewusstsein ankommt. Je höher der Bewusstseinszustand des Individuums ist, desto mehr kann es empfangen. Je inniger das Individuum die Verbindung zu der mächtigen ICH BIN Präsenz spürt, desto weniger Grenzen erfährt es, bis es sich einst wieder der vollkommenen Einheit mit ihr, Gott, dem einen unendlichen Schöpfer, der unendlichen Quelle bewusst geworden ist, und so in die ewige und grenzenlose Freiheit zurückkehrt, die für uns alle jederzeit bereitsteht.

Nach einer Weile des innigen telepathischen Austauschs mit den wundersamsten Wesen, sprach Eluria wieder zu mir:

»Es ist nun an der Zeit zu gehen, mein Kind.«

Sie bemerkte meine Emotionen und fügte hinzu:

»Sei nicht traurig, wir werden uns wiedersehen. Du hast eine Mission zu erfüllen! Entfalte das Licht Gottes in dir und fülle damit den ganzen Planeten! Verkörpere deine Seele und bleibe deinem Herzen treu! Wir sind immer bei dir und führen dich durch diese Erfahrung!«

Sie berührte mit ihrer rechten Hand ihr Herz, dann ihre Stirn, verneigte ihren Kopf voller Anmut und sagte:

»Bis bald, Anandriel.«

Im Bruchteil einer Sekunde wurde mein Körper von einer blendenden Strahlung umhüllt. Es war beinahe unmöglich, die Augen offen zu halten. Nach kurzer Zeit verblasste das Licht und zu meiner Überraschung befand ich mich wieder an der gleichen Stelle, wo ich zuvor den Aufstieg begann. Nun wusste ich, warum ich diesen Berg intuitiv den magischen Berg nannte. Voller Respekt verbeugte ich mich, sprach zugleich Worte der Dankbarkeit und begab mich anschließend auf den Heimweg.

Die Abendsonne erhellte den Wald in einem angenehmen Licht. Es war wunderschön und doch ein wenig mühsam voranzuschreiten. Der Aufenthalt in der Goldenen Stadt hatte viel Energie verbraucht. Trotz der Müdigkeit blieb mein Lächeln stets erhalten. Wie hätte ich auch anders gekonnt, bei all den zauberhaften Erlebnissen, die sich soeben abspielten.

Zur Müdigkeit gesellte sich ein Durstgefühl. Noch ehe ich zu meiner Tasche greifen konnte, vernahm ich Elurias Stimme in meinem Kopf:

»Strecke deine Hand aus, Anandriel.«

Ich tat, worum sie bat. Augenblicklich formte sich ein Kristallbecher in meiner Hand, gefüllt mit einer bernsteinfarbenen Flüssigkeit.

»Trink mein Kind - ohne Furcht!«

In wenigen Schlücken leerte ich den Becher. Noch nie trank ich so etwas Köstliches. Dieser Geschmack war wirklich einzigartig. Im nächsten Moment sprudelte es in meinem ganzen Körper, als würden tausend Blitze durch ihn strömen. Der Kristallbecher verschwand und ich fühlte mich einfach nur lebendig.

Der restliche Heimweg erwies sich als äußerst angenehm. Fröhlich wanderte ich durch die Wälder, hüpfte über Stock und Stein, bis ich irgendwann wieder in Grenzling ankam. Unser Haus war von Weitem zu sehen. Wie ein Naturwesen stand es dort und wartete geduldig, mich wieder hineinzulassen.

Feinste Speisen

Kaum war ich zur Tür rein, überkam mich ein riesiges Hungergefühl. Der Trunk von Eluria hatte seine Wirkung in einem Augenblick verloren. So galt es nun meine aufgebrauchten Reserven durch köstliche Speisen zu füllen. Ich sprintete die Treppe hoch, legte meine Tasche ab und begab mich sofort in die Küche. Bevor ich Hand anlegte, ließ ich den Raum in Vivaldis Klängen ertönen, dessen Kompositionen einen unverkennbaren Stil mit sich bringen. Nun konnte die Arbeit beginnen.

»*Ich verspüre das Bedürfnis nach leichter, nahrhafter Kost. Eher ungekocht, so ist es leicht zu verdauen und die gesunden Inhaltsstoffe bleiben erhalten. Vielleicht verwende ich meine selbst gekeimten Hülsenfrüchte, doch irgendwie fehlt noch etwas… etwas Evolutionäres… etwas hoch Vibrierendes… aber was nur?*« In meinen Gedanken versunken, hörte ich plötzlich eine männliche Stimme in meiner Küche. Amüsiert lachte er wie ein weiser Zauberer durch seinen ganzen Bauch und belebte die Atmosphäre mit seiner Heiterkeit.

Gleich danach strahlte meine gesamte Küchenplatte in einem violetten Licht und aus diesem bildeten sich etliche wunderschöne Formationen aus Kräutern; Gewürzen und mir fremden Nahrungsmitteln, die - so schien es mir - nur für mich tanzten. Sie begannen in der Luft zu schweben; wurden wie von Zauberhand in kleine Stücke geschnitten; teilweise gepresst und schließlich wieder als ein neues Teil zusammengefügt. Sogleich formte sich unter ihnen ein silberner Teller, auf dem die Speisen langsam hinabglitten. Sie drehten sich immer schneller und schneller, bis sich eine Suppe ergab, die in den verschiedensten Farben leuchtete.

»*Das ist sensationell!*«, dachte ich mir voller Faszination. »*Doch wem wird dieser Dank zuteil?*«, fragte ich gleich hinterher.

Erneut erklang die männliche Stimme, mit den Worten:

»Immer nah und niemals fern,
ist es dein innerer Kern.
Er ist der Schlüssel zu allem was ist,
er zeigt dir wer du wirklich bist.
Lausche nach innen
und ich werde dich wieder besinnen.«

Ohne weiter nachzufragen, nahm ich seine Worte dankend auf und begann sogleich die fabelhafte Suppe zu speisen. Sie mundete vorzüglich und versorgte mich mit reiner Energie.

Mit einem vollkommen harmonischen Gemütszustand ließ ich den Abend entspannt ausklingen und dachte über all die magischen Erlebnisse nach. Die Worte von Eluria schwebten mir immer wieder im Kopf. Wie ein Zauber verankerten sich diese tief in meinem Bewusstsein. Ich werde sie wohl nie wieder vergessen!

Welche Kraft doch in dem weiblichen Aspekt des Schöpfers

steckt. Eluria ist der lebende Beweis dafür! Ich wünsche mir innig, dass die wundervollen weiblichen Menschen unseres Planeten zu der Göttin in ihrem Inneren erwachen und so ihr wahres Potential entfalten. Das Gleiche gilt natürlich für den Mann. Niemand kann uns unterdrücken, außer wir lassen es zu! Wir sind so viel stärker, als die Gesellschaft uns eintrichtert. Wahrlich Götter und Göttinnen, die lediglich vergessen haben, wer sie in Wirklichkeit sind.

Stunden vergingen im tiefen Nachsinnen an der königlichen Arthurplatte. Ich genoss die friedvolle Atmosphäre und lauschte derweil dem knisternden Kaminfeuer.

Langsam dämmte sich die Flamme und auch meine Augenlider neigten sich immer weiter. Wie eine Katze döste ich dahin und war kurz davor einzuschlafen, da weckte mich ein Gedanke schlagartig aus meinem Schlummern - am Montag begann bereits der erste Schultag! Es war nicht wirklich Pflicht anwesend zu sein, da ich mich im letzten Jahr vor dem Abitur befand und somit das meiste an Vorbereitungen zu Hause stattfand. Ich fragte mich, wofür ich das eigentlich mache. Wenn ich an eine Schule denke, dann enthält diese Lehren in Meditation; die inneren Aspekte; unsere schöpferischen Fähigkeiten; Metaphysik; Kristallenergie; hoch-vibrierende Nahrungsmittel; Transformation; Alchemie und viele weitere interessante Bereiche. Hinzu kommt eine angenehme Atmosphäre, gekräftigt durch hervorragende Architektur; exotische Pflanzen und kreative Kunstwerke, sodass ein Jeder sich stets wohl fühlt.

Ich bin mir sicher, dieses und ähnliche Konzepte würden unzählige Schüler weltweit erfreuen. Trotz alledem wurden weitgehend trockene Systeme eingeführt, über die sich beinahe jeder beklagt. Gefüllt mit langweiliger Arbeit scheint es dessen Ziel zu sein, den Schüler lediglich ausdauernd zu machen, um dem Leistungsdruck in kalten Unternehmen standhalten zu können. Vom Inneren wird hier völlig abgelenkt. Mit Absicht? Ich denke, die Antwort liegt nicht fern! Hinzu kommt, dass die angebotenen Fächer extrem lückenhaft sind, und in Fällen wie Geschichte, gefüllt mit Lügen!

Es wird Zeit, dass wir ein neues Schulsystem einführen, das sich auf die inneren Aspekte fokussiert. Mit einem starken Inneren lässt sich diese Kraft, harmonisiert mit Weisheit und Liebe nach Außen projizieren, und wird so immer Vollkommenes schaffen!

Mein Gefühl sagte mir, ich habe in der Schule eine Aufgabe zu erfüllen - fernab von Prüfungen, die dort aufgesetzt werden. Etwas Anderes ... etwas Bedeutendes! Es blieb abzuwarten, was dies wohl sein möge. Mit diesem Gedanken begab ich mich zu Bett.

Der erste Schultag

Der frühe Vogel weckte mich um genau 6:30 Uhr mit einer heiteren Melodie. Wie ein Sprössling schlief ich tief und fest, ohne nächtliche Unruhen. Erschrocken blickte ich auf mein Handy. Es war bereits Montag! Ich hatte den restlichen Samstag, den kompletten Sonntag bis hin zum Montagmorgen geschlafen! Der Schock transformierte sich schnell in Freude, denn ich fühlte mich ausgezeichnet - perfekt ausgeruht und aufgeladen! In wenigen Stunden begann bereits der Unterricht. So entschied ich mich, den Tag mit einem kleinen Piano Solo einzustimmen: Niccolò Paganini und Franz Liszt Etüde Nr. 6.

Der Raum bebte förmlich vor Energie! Auf diesem Meisterinstrument klingt alles klarer; kräftiger und einfach nur klasse. Nach der kleinen Einlage bemerkte ich jemanden hinter mir stehen.

»Chapeau mein Schatz«, sagte meine Mutter grinsend. »So

habe ich das Stück noch nie gehört!«

»Ich auch nicht. Einfach nur faszinierend, welche Klänge dieses Instrument von sich gibt! Doch ich muss nun los Mutter. Dieses Stück sollte mich für den ersten Schultag einstimmen.«

»Eine hervorragende Wahl mein Engel!«

»Vielen Dank. Es freut mich, dass es dir gefallen hat. Dieser Flügel ist wirklich etwas ganz Besonderes.«

Ich schenkte ihr ein herzliches Lächeln, packte meine Tasche und begab mich sogleich ins Auto.

Ein Smart, Diesel, Baujahr 2013. Das letzte Dieselmodell dieser Serie. Hier ist der Name Programm! Immer wieder musste ich feststellen, wie viel doch in dieses kleine Auto passt. Hinzu kommt die angenehme Fahrweise, gewährleistet durch ein Automatikgetriebe. Ein Hingucker - das leicht verdunkelte Glasdach. So gelangt stets genügend Licht ins Auto! Durch sein geringes Gewicht ist er auch noch recht flott. Für die nötige Bodenhaftung sorgen spezielle Reifen mit schicken 17-Zoll Felgen. Theoretisch könnte man damit bis zu 240 km/h fahren. Leicht übertrieben für einen Smart, doch mit dieser breiten Bereifung liegt er einwandfrei in den Kurven!

Wer hätte das beim ersten Anblick dieses Autos gedacht? Es ist doch wirklich weise, nicht nach dem Äußerlichen zu urteilen, sondern zu schauen, was im Inneren steckt!

Knapp 25 Kilometer Strecke lagen vor mir. Gott sei Dank konnte ich die Autobahn vermeiden und so in aller Ruhe der Landstraße folgen.

Bäume und Berge füllten mein Blickfeld. Hühner tanzten auf den Wiesen und Kühe grasten mit einem breiten Grinsen ganz gemütlich vor sich hin. Eine entzückende Gegend. Selbst ein kleines Schloss war im naheliegenden Städtchen zu finden. Erbaut auf einem großen Felsen, überblickte es das gesamte Tal.

Nach einer Weile des munteren Fahrens erreichte ich endlich das Schulgelände. Ich parkte meinen Flitzer und ging ins Geschehen.

Hunderte Menschen - alle liefen wild umher. Den Kontrast zum Land konnte man deutlich wahrnehmen. Ich suchte das Sekretariat, um meinen Stundenplan zu erfragen. Rein optisch hatte das Gelände seinen Charme. Kunst fand sich überall wieder. Das verlieh dem Ganzen einen kreativen Hauch.

Im Verwaltungsgebäude angekommen, klopfte ich an der-Sekretariatstür und holte sogleich meine Unterlagen ab. Angesichts der freiwilligen Erscheinung, entschied ich mich lediglich den Biologie- und Geschichtskurs zu besuchen. Meine Intuition sagte mir, dies sei eine gute Wahl.

Zwei Stunden blieben noch, bis zum Beginn des Unterrichts. Genügend Zeit für eine kurze Meditation. Ich begab mich zu einem geeigneten Plätzchen und begann mit der Versenkung, da hörte ich plötzlich die mir bekannte männliche Stimme in meinem Kopf:

»Im Lichte wähltest du weise,
Biologie und Geschichte auf deiner weiteren Reise.
Sprich aus dem Herzen, sorge für Klarheit.
Heller als tausend Kerzen, offenbarst du die Wahrheit!«

Im nächsten Moment holte mich der Schulgong zurück aufs Gelände. Es war bereits kurz vor zwölf! Zügig machte ich mich auf den Weg.

Kaum die Tür rein, schon wurde ich von den verschiedensten Blicken beäugt. Es war, als könnte ich die Gedanken der anderen wahrnehmen. Doch ehrlich gesagt spielt es keine Rolle, was andere denken. Wir sollten immer unserem Herzen treu bleiben und zu unserer Seele blicken. Sie weiß ganz genau, was gut für uns und unsere Mission ist. Sie urteilt nicht, sondern liebt bedingungslos. Halten wir uns an ihre Führung, so werden wir immer siegen und das Licht stets ausweiten!

Manche halten sich die Hand vors Gesicht, wenn es zu hell

wird, und versuchen, das Licht zu verdunkeln. Doch auch dies sollte uns nicht von unserem Weg abbringen, und niemals sollten wir uns unterdrücken lassen! Folgen wir dem Licht und sprechen die Wahrheit aus, so schauen wir zu Gott und Gott hält seine schützende Hand über uns, mit den Worten:

»Es ist alles gut mein Kind. Urteile nicht und lasse dich nicht von den Urteilen anderer beeinflussen!«

Der Zweiertisch in der letzten Reihe, unbesetzt, erschien mir als optimal. Ich sitze gerne hinten, so habe ich das ganze Geschehen im Überblick.

Langsam füllten sich die restlichen Tische, bis auf meinen, der blieb frei.

»Immer wieder faszinierend, welche Vielfalt die Menschen mit sich bringen«, dachte ich mir. Ein außergewöhnliches Merkmal nach dem anderen.

Auf einmal spürte ich eine einzigartige Energie in meinem Körper vibrieren und kurz darauf betrat ein weibliches Wesen den Raum. Sie erinnerte mich im ersten Moment an eine Elfe, dazu mit feinen katzenartigen Zügen, wie jene der humanoiden katzenartigen Wesen, die ich in der Goldenen Stadt traf. Selten habe ich solch eine Schönheit auf Erden erblickt!

Sie hatte absolut symmetrische Gesichtszüge, in Perfektion angeordnet und dazu eine makellose Haut. Ihre Augen strahlten voller Lebenskraft - Blau wie ein glanzvoller Saphir und zugleich Grün wie ein perfekt geschliffener Smaragd. Schwarzes fülliges Haar, leicht gewellt, ragte ihr den ganzen Rücken hinunter. Sie war zierlich gebaut und strahlte zugleich eine enorme Kraft aus. Wahrlich ein vollkommener Ausdruck des göttlichen Weiblichen!

Sie blickte umher, auf der Suche nach einem freien Platz, bis sie meinen Tisch entdeckte. Ein Lächeln, als würden tausend Sonnen aufgehen, füllte ihre Lippen. Graziös und elegant kam sie auf mich zu und fragte:

»Darf ich mich zu dir setzen?«

»Natürlich«, gab ich ganz vornehm zur Antwort.

Sie nahm Platz wie eine Feder, die langsam zu Boden glitt.

»So viele Menschen... ungewohnt für mich«, sagte sie und berührte sogleich ihr Herz - sie fügte hinzu: »Ich bin Lotus. Gestatte mir die Frage, wie heißt du?«

Im Bruchteil einer Sekunde schoss ein Feuerwerk der höchsten Glücksgefühle durch mein Inneres. Die Puzzleteile fügten sich zusammen und erklärten, warum ich ihre Energie ganz deutlich in meinem Wesen spüren konnte. Zufälle gibt es nicht, lediglich Synchronisationen, und dies war zweifelsfrei eine! Äußerlich wollte ich mir noch nichts anmerken lassen und sagte lediglich:

»Sehr erfreut - ich bin Anandriel.«

»Anandriel? Das ist wirklich ein außergewöhnlicher Name.«

»Ja - ja schon. Doch Lotus ist auch nicht Gang und gäbe. Wirklich ein schöner Name!«

Sie grinste ganz bescheiden. Im nächsten Moment betrat der Lehrer „Herr Kamenski" den Raum und der Unterricht begann.

»Meine lieben Schüler und Schülerinnen - ich heiße sie ganz herzlich willkommen. Die Abiturprüfungen stehen bald an und sie wurden sicherlich gut vorbereitet. Heute möchte ich gerne das Thema „Ernährung" aufgreifen und ihnen noch einmal in den Sinn rufen, was sie machen können, um ihren Körper zu stärken. Mit einem gesunden System lässt es sich leichter denken und dies sollte ihnen allen für die bevorstehenden Prüfungen zugutekommen!«

Herr Kamenski ging umher und verteilte für jeden eine Grafik, gedruckt auf einem DIN-A4-Blatt im Querformat.

»Dies ist ein grober Überblick der sogenannten Ernährungspyramide. Bitte einmal in Ruhe anschauen!«, sagte er.

Neben Wasser; Obst und Gemüse sah ich Milchprodukte; glutenhaltiges Getreide sowie Fisch und Fleisch. Dies kann keineswegs als gesund bezeichnet werden! Ein starkes inneres Gefühl baute sich in mir auf, mit der Botschaft, ich solle etwas sagen.

»Herr Kamenski!«, rief ich gut hörbar durch den Raum.

»Ja bitte?«, gab er fragend zur Antwort und blickte durch den Raum, suchend wem die Stimme zugehörig ist. Dann sah er mich. »Sie müssen neu sein. Wie lautet ihr Name?«

»Anandriel - vielen Dank für ihre Aufmerksamkeit.«

»Nein bitte, wie heißen sie wirklich?«

»Anandriel, Herr Kamenski. Dies ist mein Name.«

Er schien mir nicht zu glauben, doch sagte schließlich:

»Nun gut - was ist ihr Anliegen?«

»Herr Kamenski, bei allem Respekt, dieses Modell ist nun wirklich veraltet und es gibt genügend Material in Form von Büchern und neuen wissenschaftliche Studien, die belegen, dass dies alles andere als gesund ist.«

Die ganze Klasse schaute mich verwundert an.

»Bitte erlauben sie mir ein spontanes Kurzreferat zu halten, in dem ich fünf bis zehn Minuten auf dieses Modell eingehe sowie ein Neues, deutlich gesünderes Modell vorstelle. Ich möchte sie keineswegs bloßstellen, doch bitte verstehen sie meine Intention. Im Rahmen einer schweren Krankheit habe ich in der Vergangenheit über Jahre experimentiert, verschiedene Modelle; Ernährungsweisen sowie Nahrungsergänzungsmittel getestet und kann nun, angesichts einer vollständigen Heilung, ein Fazit bringen. Gerade in der Ernährung galt es einige Lücken zu füllen, um das Körpersystem wieder aufzubauen. Physisch sowie psychisch bin ich stärker als je zuvor.«

Seine vorherige Skepsis änderte sich in ein wirkliches Interesse und er nannte mich sogar beim Namen.

»Gerne, Anandriel - kommen sie bitte nach vorne.«

Selbstsicher begab ich mich nach vorne, wissend ich werde zu den richtigen Worten geführt. Der Kurzvortrag begann.

Das spontane Referat

Liebe Klasse - bevor ich beginne, ein kleines Vorwort. Ja, es ist mein erster Tag hier auf der Schule. Ich setzte mich nach ganz hinten, im Stillen, und stehe nun ganz vorne, spreche zu euch allen. Ein starker Kontrast, in der Tat, so wie auch mein Name, der vielen wie von einer anderen Welt vorkommt. Ich kann die Reaktion keinem verübeln - im Gegenteil! Ich habe Verständnis dafür. Es ist für die meisten etwas Neues - eine neue Möglichkeit, fernab von ihren eigens aufgesetzten Grenzen sogenannter alter Normen und Gewohnheiten.

So möchte ich euch auch jetzt, mit meinem bescheidenen Referat, eine weitere Möglichkeit vorstellen. Etwas, was vermutlich vielen fremd vorkommt, weil wenige Quellen davon öffentlich berichten und wenn doch, werden sie von den großen Medienkonzernen unterdrückt und ganz weit hinten in den Suchergebnissen erwähnt.

Warum werden diese Informationen, die ich euch im Folgenden vortrage, verschleiert und jene alten Modelle, dessen Auswirkungen auf die Gesundheit schädlich sind, nach wie vor der Masse als gesund oder ausgewogen vorgestellt? Diese Frage werde ich heute nicht beantworten, doch ihr könnt gerne mal darüber nachdenken, sobald mein Vortrag beendet ist. Zunächst möchte ich gerne Hippokrates zitieren:

„Bevor du jemanden heilst, frage ihn,
ob er bereit ist aufzugeben, was ihn krank gemacht hat."

Doch was bedeutet eigentlich gesund und krank? Wie ist die Definition jener Kontraste und wer hat diese Definition überhaupt festgelegt?

Es scheint normal zu sein, dass man ein bis zweimal im Jahr krank wird, in Form einer Erkältung oder Grippe. Hinzu kommen Allergien, die in der Gesellschaft vermehrt beobachtet werden. Ich sage euch, es ist nicht normal, krank zu werden und von Symptomen geplagt zu sein. Die Ursache liegt oftmals an einer falschen Ernährung sowie Lebens- und Denkweise. Durch eine strickte Änderung dessen, lässt sich dies einfach beheben und wieder in die richtige Ordnung bringen. Wenn du wirklich gesund bist und dich gesund hältst, haben Krankheiten keine Chance!

Ich sage nicht, „glaubt mir". Ich sage „recherchiert selber, fühlt mit eurem Herzen rein und macht eure eigenen Erfahrungen". Ich teile meine Erfahrungen, die womöglich einigen die Augen öffnen können und vielleicht sogar helfen werden.

Vor einigen Jahren war ich selbst von einer starken Krankheit betroffen, die mein ganzes System stark beschädigte. So stark, dass ich dem Tode mehrfach nahe war!

Ich musste finden, was mich heilt und aufgeben, was mich krank machte. Das Ernährungsmodell, wie ihr es gerade auf den Blättern vor euch liegen habt, musste ich weitgehend aufgeben, denn vieles schadet uns, anstatt uns zu helfen. Ich fasse nun einen kleinen Teil meiner Erkenntnisse und Erfahrungen kurz und übersichtlich zusammen:

Fleisch

Durch die Massenzucht werden den Tieren verschiedene Medikamente, wie zum Beispiel Antibiotika verabreicht, von denen Überreste im Fleisch vorhanden bleiben. Diese Überreste gelangen beim Verzehr in den Körper und sind alles andere als gesund. Hinzu kommt, dass im Zellgewebe Emotionen gespeichert werden. Durch die brutale Schlachtung der Tiere speichert sich demnach große Angst in den Zellen, die beim Verzehr des Fleisches in den Körper des Menschen gelangt und im Empfindungsleib für Disharmonie sorgt. Zudem sei gesagt, das englische Wort „Animal" kommt von dem lateinischen Wort „Anima" und bedeutet „Seele". Ich möchte nichts essen, wo eine Seele innewohnt!

Viele glauben, sie brauchen das Fleisch für die Proteine und denken, dass dies die beste Quelle sei. Das ist bei weitem nicht korrekt. In vielen pflanzlichen Produkten sind genügend Proteine, teilweise sogar mehr als in Fleisch, mit einem hervorragenden Aminosäurenprofil und einer Fülle an Nähr- und Vitalstoffen.

Fisch

Zum Fisch kann Gleiches wie zum Fleisch gesagt werden - im Hinblick einer Aquakultur - doch hinzu kommt beim Wildfang die Verschmutzung der Weltmeere. Dadurch gelangen Toxine in die Zellen der Fische und beim Verzehr des Fisches werden diese Toxine in den Körper des Menschen übertragen. Manche sind der Meinung, man benötige den Fisch für die sogenannten Omega-Fettsäuren, doch diese lassen sich auch pflanzlich in ausreichender Menge zuführen. Besonders Leinsamen- und Chiasprossen, sprich die gekeimten Samen; sowie hochwertiges Algenöl enthalten einen hohen Gehalt an Omega-3 Fettsäuren, die leider bei vielen im Mangel sind - im Gegensatz zu Omega-6.

Milchprodukte
Zahlreiche Allergien werden mit Milchprodukten in Verbindung gebracht. Oft hört man: „Milch ist gut für die Knochen!" Dazu kann ich euch sagen, dass zahlreiche Studien genau das Gegenteil bewiesen haben. Krankheiten wie Osteoporose werden mit dem regelmäßigen Verzehr von Milchprodukten in Verbindung gebracht. Zudem sei gesagt, dass Kuhmilch für das Kalb und die Muttermilch des Menschen für das menschliche Kind gedacht ist.

Glutenhaltige Getreide
Gluten wird auch das Klebereiweiß genannt. Es ist schwer verdaulich und begünstigt Entzündungen wie zum Beispiel das Leaky-Gut Syndrom. Dies kann zu Krankheiten sowie Allergien und somit plagenden Symptomen führen.

Eier
Hühner sind anfällig für unzählige Krankheiten, trotz laufender Gesundheitskontrollen und Gegenmaßnahmen. Rückstände der Krankheitserreger können in das Ei gelangen und somit beim Verzehr in den menschlichen Körper.

Liebe Klasse, bevor ich fortfahre, sei angemerkt, dass ich niemandem sage, was er tun oder lassen soll. Dies beliebt dem Individuum, gemäß dem freien Willen, der uns allen gegeben ist. Außerdem sage ich nicht, dass meine Ernährung „die Beste" ist - nein keineswegs. Sie ist auf meine persönlichen Wünsche zugeschnitten. Demnach möchte ich gerne bekräftigen, dass jeder finden sollte, was für ihn am besten funktioniert.

Damit kommen wir auch schon zu den Punkten, was ich tat, um mich zu stärken, regenerieren und schützen:

Roh-vegane grüne Säfte
Je regelmäßiger, desto besser. Frischer Grassaft wie zum Beispiel Dinkelgras; Gerstengras oder Weizengras, enthalten eine enorme Fülle an Vitaminen und Mineralstoffen. Es empfiehlt sich, das Getränk mit einem hochwertigen Entsafter herzustellen. Der pure Saft hat eine dunkelgrüne Farbe, was für einen hohen Gehalt an Chlorophyll spricht. Durch den regelmäßigen Konsum von Chlorophyll verbessert sich die Sauerstoffversorgung im gesamten Körper. Die Anzahl der roten Blutkörperchen nimmt zu. Dieses grüne Pflanzenblut, wie es gerne genannt wird, weist ein breites positives Wirkspektrum auf, doch allgemein formuliert, regeneriert; stärkt und schützt es das menschliche Körpersystem.

Rein biologische und vegane Ernährung
Mit einer Ausnahme: Sehr hochwertiger Waldhonig - doch vegan heißt nicht gleich gesund. Die Zubereitung der Speisen ist von enormer Wichtigkeit. Gekochte Nahrung verliert einen Großteil ihrer Vitamine. So empfiehlt es sich, mehr Rohkost zu konsumieren, um bei gleicher Verzehrmenge eine erhöhte Fülle an Nährstoffen zu erhalten. Vor allem frische Sprossen eignen sich hervorragend, um das Körpersystem mit viel Energie zu versorgen. Zudem sind sie leicht verdaulich und lassen sich problemlos in einem Smoothie kombinieren.

Sonne
Einer der wichtigsten Faktoren! Gelangt das Sonnenlicht auf unsere Haut, so produziert der Körper Vitamin D. Es gibt zahlreiche Studien, die von sogenannten Wunderheilungen berichten, nachdem Patienten mit verschiedenen Krankheitsbildern über einen gewissen Zeitraum hohe Dosen an Vitamin D verabreicht wurden. Die Sonne bietet all dies gratis und natürlich mit einem schönen wärmenden Nebeneffekt an.

Nahrungsergänzungsmittel
Durch die Verschmutzung von Luft; Wasser und Boden, haben viele Lebensmittel über die Jahre einen Großteil ihrer Nährstoffe verloren. Für mich ist es demnach von enormer Wichtigkeit, meinen Körper mit genügend Nährstoffen zu versorgen, um Mangelerscheinungen zu vermeiden. Ich bevorzuge hochwertige; gentechnikfreie; vegane und liposomale Nahrungsergänzungsmittel. Durch die liposomale Verabreichung ist die Bioverfügbarkeit um ein Vielfaches höher als bei der sublingualen oder oralen Verabreichung.

Die Natur
Es gibt ein Spruch, der besagt ganz einfach: Die Natur heilt. Dies kann ich aus eigenen Erfahrungen bestätigen. Probiert es aus und erlebt es selbst. Gestattet eurem Gemüt Ruhe zu finden und lasst euch von eurem Herzen leiten.

Nun möchte ich gerne noch ein paar Dinge aufzählen, die ich ebenfalls ändern musste, um Heilung zu erfahren:

Vermeidung von EMF
In der heutigen Zeit schwirren enorm viele elektromagnetische Frequenzen in der Luft. Wenige sind in der Lage diese mit dem bloßen Auge wahrzunehmen, doch viele nutzen global die Leistungen, welche damit gegeben werden. Das Ganze hat seinen Haken, denn diese elektromagnetischen Frequenzen sind für die Körperzellen schädlich. Darunter besonders die WLAN-Strahlung des Internetrouters. Unzählige Studien haben dies bereits belegt. Die Zellen stehen unter Dauerstress, wenn diese sich in EMF-Feldern befinden und arbeiten auf Hochtouren, um die Schäden zu reparieren. So habe ich mir entsprechende Schutzvorrichtungen angeschafft, welche einen großen Teil der elektromagnetischen Frequenzen, sei es vom Internetrouter oder vom Handy, blockieren.

Viel Bewegung

Durch das Schwitzen wird ein großer Teil der Giftstoffe über die Haut ausgeschieden. Eine so simple und doch machtvolle Methode. Wir sind dafür geschaffen, um voranzuschreiten. Bleiben wir stehen, werden wir krank.

Die richtige Wasserwahl

Ein ganz klares „nein“ zu Leitungswasser und „ja“ zu Quellwasser. Die Richtlinien für die Kontrollen müssten meiner Ansicht nach dringend verschärft werden. Unabhängige Labore haben bei genauerer Untersuchung vermehrt Giftstoffe im Leitungswasser gefunden. Man mache sich einmal bewusst, dass unser Körper zum größten Teil aus Wasser besteht. Somit sollte gerade unser Trinkwasser qualitativ hochwertig sein, um die Zellen zu stärken und Krankheiten zu vermeiden. Zudem beeinflussen Frequenzen die Struktur des Wassers. Ein disharmonisches Umfeld deformiert die Struktur des Wassers, wie zum Beispiel die kilometerlangen künstlich errichteten Leitungen für das Leitungswasser. Ein harmonisches Umfeld gibt dem Wasser eine kristalline Struktur, wie zum Beispiel eine natürliche Quelle.

Salz

Wenig Salz und wenn, dann ein hochwertiges Produkt ohne Zusatzstoffe und Rieselhilfen, beispielsweise naturbelassenes Himalaya-Salz. Durch zu viel Salz entstehen Mikrorisse in den Arterien. Dadurch wird der Blutfluss gestört. Zudem setzt sich in diesen Mikrorissen ein Teil des vom Körper produzierten Calciums ab. Dies ist ein Grund für verkalkte Arterien. Ein Vitamin namens „K2“ flickt diese Risse und sorgt so wieder für einen ordnungsgemäßen Calciumfluss.

Ein ganz wichtiger Punkt ist die Psyche und dazu sei gesagt:

Gedanken erschaffen!

Ich sehe einige verwirrte Gesichter. Lasst mir euch ein einfaches Beispiel geben - der Placeboeffekt:

Jemand bekommt im Rahmen einer Studie eine Pille, weiß aber nicht, ob sie die „Echte“ oder „Falsche“ ist. Der Arzt sagt dem Probanden, er würde nun ein starkes Schmerzmittel gegen seine Rückenschmerzen bekommen, doch tatsächlich befindet sich in der Pille kein Schmerzmittel, sondern lediglich Stärke oder Zucker. Der Proband berichtet dennoch von einer erheblichen Linderung seiner Schmerzen. Viele solcher Fälle wurden dokumentiert! Wie kann das sein?

Es ist ganz einfach! Der Proband glaubte, er habe etwas bekommen, was ihm hilft, somit hat er diesem Medikament eine Wirkung aufgeprägt und sie in seinem Körper hervorgerufen. Gedanken erschaffen!

Wir bestimmen, was wir in unser Leben ziehen, was wir erschaffen! Möchtest du Positives in dein Leben ziehen, so denke positiv und vor allem, halte die Gedanken positiv. Lasse dich nicht durch Negativität, wie Sorgen; Zweifel oder Angst manipulieren. Halte deine Gedanken entschlossen auf das Positive und du wirst all das Gute in dein Leben ziehen. Glaube an dich! Du hast die Kraft dein Leben vollkommen harmonisch; friedvoll und mit Liebe zu gestalten!

In diesem Sinne bedanke ich mich von Herzen für eure Aufmerksamkeit und wünsche euch den Zustand der Vollkommenheit.

Möge euer Körper heilen, euer Geist sich festigen und die Liebe eures Herzens sich in eurem Wesen entfalten!«

Für einige Sekunden war der Raum komplett still. Ich hörte die Fliege am Fenster kreisen, den Lehrer auf seinen Zähnen knirschen und die Elektrizität durch die Deckenlampe fließen. In einem Ruck, als hätte jemand das Startsignal gegeben, fingen alle Schüler, wie auch Herr Kamenski zu klatschen an, und bei Lotus erblickte ich leichte Freudentränen in ihren wunderschönen Augen. Die Energie wechselte von Verwirrung zu Verständnis, von Zweifel zu Vertrauen, und von Langeweile zu Motivation. Ich konnte spüren, wie sich ihre Herzen geöffnet haben. Dies machte mich überglücklich!

»Anandriel«, sagte Herr Kamenski, »ich danke ihnen für diesen hervorragenden Vortrag! Über Vieles war ich mir nicht bewusst, doch sie haben mir und sicherlich auch der ganzen Klasse neue Möglichkeiten gegeben - Bravo!«

»Ich danke ihnen, Herr Kamenski. Vielen Dank, dass ich die Möglichkeit bekommen habe, hier vor euch zu sprechen. Ich klatsche mit - für euch! Ihr seid wundervoll!«

Eine weitere Welle des Jubels füllte den Raum und diesmal, so wie es sein sollte - für uns alle!

»Fünf Minuten Pause!«, rief Herr Kamenski aus.

Ich ging zurück auf meinen Platz und Lotus sprach mit ihrer zauberhaften Stimme:

»Mein Gefühl sagt mir, du bist dir über viele Sachen bewusst und ich höre dir wirklich gerne zu. Möchtest du mir vielleicht nach der Schule mehr über dein Leben und was du bisher gelernt hast, erzählen?«

Sichtlich überrascht und zugleich erfreut antwortete ich mit den Worten:

»Ja... Ja Lotus, sehr gerne!«

»Fantastisch! Hast du einen Vorschlag, wo wir hingehen könnten? Ich wohne erst seit kurzem hier in der Stadt und kenne mich gar nicht aus...«

»Hast du etwas Zeit?«, fragte ich.

»Den ganzen Tag«, antwortete sie.

»Perfekt. Wie wäre es, wir gehen bei mir in der Nähe in den Wäldern spazieren? Ich wohne in der Bergregion - die Energie dort ist sehr wohltuend.«

»Oh ja, sehr gerne!«, sagte sie mit hochgezogenen Augenbrauen und weit geöffneten Augen. »Ich bin froh, dass du das vorgeschlagen hast! Ehrlich gesagt ist es mir in der Stadt viel zu laut und hektisch. Am liebsten wandere ich durch die weiten Wälder.«

Die Ähnlichkeit zwischen ihr und mir war verblüffend.

»Sobald du bereit bist«, sagte ich zu ihr, »komm gerne zum Parkplatz. Dort steht mein Auto - ein Smart. So ziemlich der einzige hier. Sollte leicht zu finden sein.«

»Wie süß. Alles klar, supi«, antwortete sie.

Die fünf Minuten Pause waren vorbei. Herr Kamenski sagte auf einmal:

»Wisst ihr was, liebe Klasse - heute ist ein guter Tag, der Unterricht ist beendet. Erfreut euch am Leben! Wir sehen uns übermorgen. Bis dahin!«

Eine weitere Welle des Jubels brach in der Klasse aus, folgend von einem Ansturm an hinauseilenden Schülern. So etwas hatte ich noch nicht erlebt.

Tiefe Verbundenheit

Ich machte mich auf den Weg zum Auto. Zu meiner Überraschung stand Lotus bereits dort - wunderschön im Antlitz wie eine Elfe. Bei ihr hat Perfektion in einem weiblichen Wesen Ausdruck gefunden.

Von weitem öffnete ich die Tür und sie huschte sogleich hinein. Ein Gefühl, als würden wir uns schon ewig kennen, breitete sich in meinem Herzen aus. Für einen Moment blickte ich empor. Es war himmlisch - ein großer Segen nach dem anderen.

Plötzlich hörte ich Vivaldis Klänge durch alle Ecken meines Autos beben. Lotus hatte die Musik bereits angemacht und war keineswegs bescheiden mit der Lautstärke.

»Ich war so frei. Du hast wirklich tolle Stücke in deinem süßen Smart, doch vor allem Vivaldi berührt mein Herz!«

»Oh, vielen Dank Lotus. Seine Musik beflügelt mich jedes Mal. Ich würde dir gerne mal etwas auf meinem Flügel vorspielen, wenn es dir genehm ist.«

Grinsend schaute sie mich an.

»Wie wäre es, wenn wir ein Duett spielen. Du auf deinem Flügel und ich auf meiner Violine. Ein mysteriöser und doch sehr liebevoller Mann schenkte mir eine Violine der... sagen wir... besonderen Art. Den Klang möchte ich dir nicht vorenthalten. Ich bin mir sicher, so etwas hast du noch nicht gehört.«

»Das klingt fantastisch - herzlichst gerne«, sagte ich.

Ich erzählte ihr noch nichts von dem prächtigen Flügel. Ich ahnte, sie hatte bereits Kontakt zu Herrn Violett. So wollte ich sie gerne mit einem weiteren Instrument der besonderen Art überraschen.

»Dann lass uns doch kurz zu mir fahren. Ich nehme sie gleich mit. Das Duett soll noch heute stattfinden!«, sagte Lotus.

»Eine ausgezeichnete Idee«, antwortete ich.

Begleitet von Vivaldis Klängen, fuhren wir zu ihrem Heim.

Flink wie eine Katze sprang sie aus dem Auto, öffnete die Tür und kam wenige Minuten später mit einem sonderbaren Geigenkasten wieder. Bevor ich einen Laut von mir geben konnte, sagte sie:

»Hier, halt ihn gerne mal« und drückte ihn mir gleich in die Hand.

Zu meiner Überraschung war er federleicht, wo doch sein Äußeres aus massivem Holz, in einer Farbe ähnlich der des Goldes bestand und sich im Inneren ja auch noch die Violine befand.

»Bitte, öffne ihn ruhig«, fügte sie hinzu.

Langsam öffnete ich den Geigenkasten. Ich war sprachlos und meine Faszination war mir sicherlich ins Gesicht geschrieben. Das Äußere schien aus demselben Material wie mein Flügel zu sein, ebenso in Weißgold, mit feinen Verzierungen und goldenen Saiten. In der Mitte war eine wunderschöne Lotusblume abgebildet. Sie strahlte in einem kräftigen Violett mit tausend kleinen glitzernden Sternen. Wahrlich ein Meisterstück.

»Sie muss niemals gestimmt oder gesäubert werden«, sagte

Lotus mit einer Überzeugung in ihrer Stimme, sodass ein Jeder, der ihre direkten Worte hören würde, nicht mal den geringsten Zweifel hegen könnte!

Diese Aussage kräftigte meine Vermutung, dass Herr Violett ihr die Violine schenkte. Ich verriet nach wie vor nichts von dem Flügel. Das sollte eine Überraschung bleiben. So äußerte ich lediglich:

»Wirklich faszinierend. So eine Violine habe ich tatsächlich noch nie gesehen. Ein Ausdruck der Vollkommenheit. Worte können nur vage beschreiben, wie viel Liebe und Perfektion dieses Instrument ausstrahlt.«

Bescheiden lächelte sie und sagte anschließend:

»Nun warte, bis du ihren Klang hörst.«

»Ich warte freudig, doch jetzt lass uns lieber losfahren, solange die Sonne noch den Tag erhellt.«

Ich startete den Motor und wir begaben uns in die Bergregion. Die ganze Fahrt über hörten wir ein klassisches Meisterwerk nach dem anderen und erfreuten uns sichtlich an den Klängen. Dabei sprachen wir nicht ein Wort miteinander. Es war, als wüssten wir beide, dass Sprechen nun wirklich nicht von Bedarf sei. Dies hätte lediglich die Emotionen limitiert ausgedrückt, die wir in einer enormen Fülle wahrnahmen.

Nach exakt 33 Minuten erreichten wir Grenzling, doch vor dem Duett war ein Spaziergang in den Wäldern geplant. Ein starkes inneres Gefühl wies mir den Weg zu einer gewissen Stelle.

Zauber des Waldes

»Es ist wunderschön hier, Anandriel. Wie lange wohnst du schon in der Gegend?«

»Gerade mal seit Freitag, und ja, es ist in der Tat traumhaft. Hier gibt es noch so viel zu erkunden. Bisher habe ich lediglich den großen Berg dort hinten besucht. Jener, welcher über alle anderen ragt.« Ich zeigte auf den majestätischen Gesteinsriesen.

»Magisch ist das erste Wort, was mir in den Sinn kommt. Ich spüre eine starke Energie in diesem Berg.«

»Ich weiß genau was du meinst, Lotus. Sobald es sich ergibt, erzähle ich dir gerne von meinem außergewöhnlichen Abenteuer, das ich dort erlebt habe. Für heute sagt mir mein Gefühl, wir sollten diesem Pfad folgen…« Ein schmaler Weg, umringt von kräftig grünen Pflanzen und Bäumen, führte direkt den Wald hinauf. Wir begaben uns hinein.

Die Sonne ließ alles im Lichte erstrahlen. Lotus nahm mehrere tiefe Atemzüge und sagte dann:

»Es ist, als würde ein Zauber die Luft erfüllen und mit jedem Atemzug die Zellen beleben.«

»Ein Zauber, zu dem der ganze Wald singt - hör mal genau hin,« antwortete ich ihr.

Wir wurden ganz ruhig und lauschten in den Wald hinein. Es schien, als würden die Tiere im Takt der Natur singen und die Blätter im Winde tanzen. Inspiriert durch die Melodie der Vögel, fing Lotus ebenso an zu singen. Die Symbiose ihrer Stimmen ummantelte mich mit purer Liebe - ich war zutiefst berührt. Lotus bemerkte meine Emotionen und schloss mich sogleich ganz fest in ihre Arme. In diesem Moment brauste der Wind so stark, dass selbst die Bäume ins Schwanken gerieten, doch wir blieben felsenfest stehen.

Sie nahm meine Hände, blickte mir tief in die Augen und war zu Tränen gerührt. Wir mussten beide lachen - lachen vor Freude! Intuitiv gingen wir zu Boden, hielten uns an einer Hand und berührten mit der anderen die Erde. All die Liebe und Dankbarkeit, die in unserem Wesen zu spüren war, teilten wir mit Mutter Natur und sprachen synchron:

»So möge all das Leid von dir weichen
und die Liebe dich vollständig heilen!
So mögen die Menschen zu ihrem Herzen erwachen
und mit dir in Harmonie leben!
So möge der Garten Eden in einer zuvor noch nie
erblickten Pracht wieder auferstehen,
geschützt durch die Liebe; Kraft und Weisheit Gottes.
So sei es!«

Stille breitete sich aus. Zwei bezaubernde Schmetterlinge glitten sanft an uns vorbei. Ihre Flügelschläge waren deutlich zu hören. Metallic Grün-Blau schimmerte ihr Äußeres. Sie beglückten uns mit ihrer puren Lebensfreude und flogen anschließend geradewegs durch den Wald. Wir blickten ihnen nach und sahen in der Ferne ein helles Licht. Aus dem Licht formte sich eine weibliche Gestalt, deren Umrisse sich lediglich zu erkennen gaben. Sie streckte ihre Arme mit den Handflächen nach oben, in unsere Richtung. Dann hörten wir sie mit einer enormen Kraft und zugleich tiefer Gelassenheit pusten - so stark, als wäre sie der Wind selbst. Aus ihrer Hand flogen unzählige kleine glitzernde Partikelchen, die mich an Sternenstaub erinnerten. Sie erreichten uns in wenigen Sekunden und ummantelten unseren ganzen Körper. Es schien, als würde jeder dieser Partikelchen eine einzigartige Energie aussenden. Zunächst wurde uns ganz schummrig, doch dann spürten wir eine Welle der Liebe. Die eigene Vibration wurde stark erhöht, wodurch sich das Bewusstsein sofort ausweitete. Es war, als würden wir zum ersten Mal in dieser Inkarnation richtig sehen können. Wo sonst nur Luft zu sein schien, war nun eine Fülle an Farben; geometrischen Formen und Energien zu erkennen. Sie bewegten sich in die verschiedensten Richtungen.

Ständig blickten wir umher. Bäume; Pflanzen und Tiere schienen einem Muster zu Folgen - dem Muster des Lebens. Zudem konnten wir durch die Erde das mächtige Wurzelwerk erblicken. Überall floss Energie und alles kommunizierte miteinander. Fokussierten wir einen Baum oder eine Pflanze, so konnten wir sie wachsen sehen. Die Wahrnehmung der Zeit veränderte sich gänzlich und so war uns nun ersichtlich, was vorher lediglich unter der Zukunft bekannt gewesen wäre und Jahre gedauert hätte.

Unser Blick wandte sich wieder zur weiblichen Gestalt, die nach wie vor an der gleichen Stelle stand. Doch jetzt konnten wir sie endlich richtig erkennen, wenn auch nicht gleich realisieren, was sie zum Ausdruck brachte.

Sophia

Ihr Äußeres war weitgehend von verschiedenen Bestandteilen der Erde geprägt, seien es Bäume; Pflanzen; Berge oder Meere. Alles strahlte in absoluter Perfektion und blühte voller Leben. Mal nahmen die Beine die Konturen der Berge an und mal waren es die Arme. Es wechselte ständig und barg stets ein neues Bild in sich.

Ihr Gesicht - wahrlich das Abbild einer Göttin! Ich hatte ja keine Ahnung, welche Schönheit man zum Ausdruck bringen kann. Dies bestätigte mal wieder, dass es unendliche Möglichkeiten gibt und sich der menschliche Verstand lediglich einen Bruchteil davon vorstellen kann. Auf der Erde gibt es wunderschöne Wesen, ohne Zweifel - Lotus ist der lebende Beweis dafür. Doch was diese göttliche Gestalt ausstrahlte, bot meinem Verstand eine völlig neue Fülle an Möglichkeiten. Allein mit der Betrachtung ihrer Augen hätte ich Ewigkeiten verbringen können. Sie enthielten keine Pupillen, sondern jeweils eine große Iris, indessen eine sich bewegende Galaxie zu sehen war. Je länger ich hineinblickte, desto mehr weitete sich mein Bewusstsein aus, während mir mal wieder Tränen die Wangen hinunter liefen. Ich hatte das tiefe Gefühl, unserer kosmischen Mutter direkt in die Augen zu blicken. Ihre Präsenz ummantelte den gesamten Wald. Um sie herum wuchsen in Sekunden die prächtigsten Blumen, dessen himmlische Düfte in einer sanften Brise zu uns flogen.

Wir wussten nicht, was wir sagen sollten ... So standen wir einfach nur da, überwältigt von all dem, was wir zu sehen bekamen.

Plötzlich löste sie ihre Gestalt auf und wurde zu purem Licht. In diesem Licht glitzerten Milliarden kleine Diamanten. Sie flog durch den Wald, umkreiste Bäume sowie Pflanzen und manifestierte sich im nächsten Moment direkt vor uns! Mit weit geöffneten Augen blickten wir sie an ... Dann glitt eine engelsgleiche Stimme von ihren Lippen:

»Meine Kinder - ich liebe euch so sehr! Eure Liebe, die ihr vereint zu mir sandtet, war so stark, dass ich euch erscheinen durfte.

Ich habe viele Namen. Manche nennen mich Sophia - einst wurde ich der Garten Eden genannt - doch die meisten nennen mich nun Mutter Erde.

Ihr seid so zahlreich erschienen, von den verschiedensten Galaxien und Dimensionen. Inkarniert in diesem Erdenleib helft ihr die Menschen, die Tiere und mich zu befreien. Dafür danke ich euch tief aus der Essenz meines Wesens.«

Wieder überkam uns eine starke Welle an Liebe.

»Auch wenn es einige noch nicht ganz erfasst haben, ihr seid alle so mächtig und prächtig! Ihr seid so viel mehr als nur dieser Körper. Der Körper ist das Gefäß für eure Seele. Der Tempel, in dem die Göttin und der Gott haust - euer wahres Selbst! Ihr müsst zu diesem Gott und dieser Göttin in eurem Herzen erwachen. Dadurch befreit ihr euch von den illusionären Grenzen und versteht, dass ihr frei seid. In diesem erhobenen Bewusstseinszustand seid ihr unantastbar, unberührt von Leid; Hass oder Angst und könnt so anderen zur Freiheit verhelfen. Lasst euch nicht durch die negativen Stimmen beeinflussen! Wisset, ihr werdet innig geliebt und diese Liebe ist es, die euch führt und schützt!«

Sie küsste uns beide auf die Stirn, schenkte uns ein Lächeln voller Liebe und verschwand im nächsten Augenblick wie vom Winde verweht. Dann hörten wir ihre himmlische Stimme im Wald hallen:

»Meine Kinder des Lichts,
im Angesicht dieses Gedichts
soll weichen, jeder noch so böse Wicht!

Meine Strahlung gibt euch Schutz,
weist ab jeden noch so hartnäckigen Schmutz.
Ummantelt euch mit bedingungsloser Liebe,
weist ab jede Intrige heimtückischer Diebe.

Der Wald, ein Ort, um klar zu denken.
Macht halt, gleich dort
und ich kann euch reich beschenken.
Sei es mit Liebe; Kraft oder Weisheit,
alles teile ich gerne, aus tiefer Barmherzigkeit.

Dazu singen meine Kinder der Lüfte,
während euch erfüllen des Waldes herrliche Düfte.
In Harmonie erklingen ihre Stimmen mit klarem Klang,
eine Melodie ertönt, ja gleich dem Engelsgesang.

Wisset ihr seid geschützt durch Gottes Hand,
so fliegt empor in eurem nahtlosen Gewand.«

Ihre Worte verankerten sich tief in unseren Herzen. Die Wahrhaftigkeit ihrer Botschaft war zweifelsfrei zu spüren.

Langsam glitt unser Bewusstsein wieder in den alten Zustand. Dennoch blieb ein Hauch dieser zauberhaften Erfahrung erhalten. Uns fehlten die Worte, so setzen wir uns einfach auf die Erde, zu Mutter Natur und lauschten den Klängen des Waldes - zeitlos und völlig in Einheit.

Das Plateau auf dem Königsgipfel

Ein lautes Knacken der Äste hinten im Dickicht, weckte unsere Aufmerksamkeit. Schlagartig aktivierten sich unsere animalischen Sinne und wir analysierten sogleich wie ein Panther auf der Hut die Umgebung.

»Schau Lotus, da vorne!«, sagte ich leise und zugleich mit einem scharfen Ton in der Stimme. »Siehst du ihn?«

»Ja Anandriel, ja!«, gab sie unmittelbar zur Antwort.

In etwa dreißig Meter Entfernung erblickten wir einen Hirsch von majestätischem Antlitz. Sein Fell war weiß wie der reinste Schnee und sein Geweih so groß wie ein Adler, der seine Flügel ausweitet - leicht schimmernd in Goldbraun. Er nickte zweimal mit seinem ganzen Hals, als würde er uns signalisieren wollen, ihm zu folgen. Dann drehte er sich ruckartig um und lief den Wald hinauf.

»Er möchte, dass wir ihm folgen, Anandriel!«

»Das gleiche habe ich auch gedacht!«, antwortete Lotus.

Im gleichen Moment sprangen wir auf und liefen dem Hirsch hinterher. Er war zügig unterwegs und rannte geradewegs den Wald hoch. Wir mussten durchgehend sprinten, um mithalten zu können. Zu unserer Überraschung wiesen wir keine Erschöpfung auf. Vorbei an Bäumen, über Wurzeln; Pflanzen und Felsen, erreichten wir nach schätzungsweise tausend Metern ein Hochplateau nahe der Bergspitze. Es schien natürlichen Ursprungs zu sein und doch machte es den Anschein, als sei es für einen besonderen Zweck in diese auffallende Form gebracht worden. Eine große Wiese erstreckte sich mindestens zweihundert Meter in die Ferne. Von Mutter Natur bestückt mit kunterbunten Blumen, beschert sie jedem Wanderer ein kindliches Lächeln. Zahlreiche Bienen und Schmetterlinge flogen umher. Sie erfreuten sich am süßen Nektar der Blüten und beglückten die Umgebung mit ihrer lieblichen Art.

Am rechten Rande zogen Tannen eine Linie. Eng beieinander angeordnet, wirkten sie wie große Wächter und ragten weit in den Himmel. Ihr unverkennbarer Geruch verteilte sich in der gesamten Umgebung.

Zu unserer Linken befand sich ein besonderes Areal. Es glich einem Märchenwald, ebenso mit Tannen gefüllt, jedoch deutlich kleinere als die großen Wächter am Rande. Wie magisch angezogen gingen wir hinein und bestaunten den Boden. Er ähnelte einer perfekt gemähten Wiese, war jedoch äußerst uneben. Mal ging es leicht hinauf, dann wieder hinab. Die Steigung wechselte ständig. Zudem waren überall Felsen platziert - teilweise mit Moos überwachsen.

Stillschweigend stolzierten wir durch den Wald. Eine beruhigende Atmosphäre breitete sich überall aus - fast schon meditativ. Nach wenigen Metern stießen wir auf eine kleine Felsmauer. Sie war lediglich einen halben Meter hoch, mit einer Länge von mindestens dreißig Metern. Wir hopsten hinüber und befanden uns nun auf einer großen, beinahe kreisrunden Wiese. Etwa fünfzehn Meter vor uns auf einem kleinen Steinhügel, sahen wir den Hirsch wieder. Dort stand er, wie ein König auf dem Thron. Er blickte zu uns und verschwand im nächsten Augenblick. Zügig eilten wir dort hin und kletterten hinauf. Von dem Hirsch war keine Spur mehr zu sehen, doch was wir nun erblickten, brachte uns so sehr ins Staunen, dass wir nicht weiter über ihn nachdachten.

Vor uns erstreckte sich ein traumhaftes Tal der Tiroler Region bis hin zu den mächtigen Alpen. Ihre weißen Bergketten ragten bis zum Horizont. Zu unserer Linken, gar nicht mal so weit entfernt, stand der magische Berg, dessen Antlitz das ganze Land segnete. Um ihn herum waren weitere Berge verteilt und schufen ein vollkommenes Bild, wie man es sich in den Sagen und Legenden erzählt.

Intuitiv drehte ich mich wieder um, während Lotus noch die Aussicht genoss. Von hier oben war erst einmal das Ausmaß dieser wunderschönen Ebene zu erkennen. Meine Intuition sagte mir, hier sei eine Aufgabe zu erfüllen. Als ich dieses Gefühl vernahm, drehte sich auch Lotus um und fügte das Puzzle zusammen.

»Der perfekte Ort, um ein Gebäude zu errichten - besser noch...« Synchron vollendeten wir beide ihren letzten Satz mit den Worten:

»Ein Lichtzentrum!«

Augenblicklich öffnete sich mein Herzchakra. Ich legte meine linke Hand auf meine Brust und streckte die Rechte, mit der Handfläche nach oben, leicht empor. Sogleich erfüllte sich mein Wesen mit einer großen Kraft. Dann sprach ich laut:

Visionen

Ein Ort, in dem jeder Mensch Kraft sammeln; Kreativität entfalten und Weisheit empfangen kann. Violett ist die Farbe, die besonders aus dem Herzen des Zentrums strahlt. So kann jeder, der es wünscht, im Glanz des siebten Strahls verstärkt in sein Wesen lauschen und so die Verbindung zu seinem wahren Selbst inniger spüren.

Dort wo wir stehen, sowie nebenher auf dem zweiten Steinhügel, wird jeweils eine große und prächtige Statue, mit Blickrichtung zu den weißen Bergen errichtet. Eine Männliche zur Rechten sowie eine Weibliche zur Linken, welche das göttliche Männliche sowie das göttliche Weibliche repräsentieren!

Alles strahlt voller farbenfrohen Pflanzen. Verschiedenste natürliche Düfte beglücken das Gemüt eines jeden Besuchers. Bienen und Schmetterlinge fühlen sich wohl. Ameisen und Spinnen bleiben fern! Adler und Falken wachen aus den Lüften. Vögel zwitschern froh zum Tag und Eulen erfüllen die Nacht mit magischem Gesang.

Ein Weg soll führen zu diesem Orte,
entlang des Berges wie eine Himmelspforte.
Hoch oben am Eingang erhebt sich ein Tor zweier Flügel,
dort wacht ein goldener Engel über den Königshügel.
Symbolisch für das Erhobensein,
lässt er nur jene vom Lichte rein!

Architektonische Meisterleistungen im Stil der Elfenbauten dienen verschiedensten Funktionen. Alle Gebäude sind miteinander verbunden, sei es energetisch durch Kristalle, dessen Gegenstück am naheliegenden Gebilde zu finden ist, oder gar physisch durch Wege; Gänge und Brücken, die von edlen Säulen gestützt werden. Diese Verbundenheit soll die Einheit in allem symbolisieren.

Eine große Halle wird errichtet, in der genügend Wesen Platz haben, um verschiedensten Vorträgen zu lauschen, die den Geist mit kostbarem Wissen bereichern. Jede noch so scheinbar unscheinbare Ecke strahlt in Vollkommenheit und wird von einem angenehmen Licht erfüllt.

Auf dem Dach der großen Halle erstreckt sich eine weitere Ebene, um im Antlitz der Sonne zu musizieren oder an Vorstellungen unter klarem Sternenhimmel teilzuhaben.

Gleich neben der großen Halle, mit Blickrichtung zu den weißen Bergen, befindet sich ein Bauwerk, dessen Zweck primär der Arbeit von Körper und Geist gewidmet ist. Sei es Qi-Gong; Yoga oder Kampfkunst - im Zauber des Lichtzentrums erfährt sich eine vollkommen neue Tiefe jener physischen Aktivitäten, die zugleich die Psyche des Individuums kräftigen und so die Schwingung erhöhen.

Nun schauen wir eine Ebene tiefer in den Märchenwald. Eine offene Stelle bietet Platz für ein einzigartiges Konstrukt - das Sonnenbrunnenplateau. Kreisrund wie die Sonne und komplett aus hochwertigen Orgonitplatten gefertigt, bietet es jedem Besucher die Möglichkeit, eine besonders hohe Vibration zu erfahren. Spiralförmig führt ein Weg hinauf. Dort oben hat man einen Blickwinkel in alle Richtungen und kann die Sonne zu allen Zeiten grüßen. Hier lassen sich die großen kosmischen Strahlen empfangen, durch das Individuum kanalisieren, im Herzen verstärken und zugleich wieder über die Erde ausbreiten, zum Segen der gesamten Schöpfung.

Wir blicken vom Sonnenbrunnenplateau entlang der Steinmauer und sehen ein riesiges mit Glas umhülltes Gartenterrain. Dort wird die Kunst mit der Natur kombiniert und jeder Besucher wird von den exotischsten Pflanzen begrüßt. Zudem wachsen unter optimalen Bedingungen die feinsten Kräuter, welche der Gesundheit des Individuums in höchstem Maße zugutekommen.

Hinter der Steinmauer, in einem weiteren Bereich des Märchenwaldes, werden mehrere kleine Herbergen errichtet. Jedes Häuschen birgt ein individuelles Merkmal in sich und doch teilen sich alle die Kunst der eleganten Elfen-Architektur.

Durch den unverwechselbaren Geruch der umliegenden Tannen wird das Immunsystem gestärkt. Jene Terpene verankern sich tief im Zellgewebe und segnen das Individuum mit ihrer einzigartigen Heilkraft. Das Gemüt findet Ruhe und Erholung.

Wege mit kleinen Treppen führen durch den gesamten Märchenwald und verbinden alle Bereiche miteinander. Die Natur wird im höchsten Maße respektiert - so wird alles um die Bäume herum gebaut, ohne sie zu beschädigen!

Ein Zentrum der Liebe und des Lichts,
auf Erden in den Bergen!«

Im Mantel der Liebe

Nachdem ich meinen letzten Satz beendet hatte, formte sich auf der Wiese einige Meter vor uns ein strahlend violett pulsierender Vortex. Lichter zirkulierten in alle Richtungen und aus dem Zentrum kam ein Wesen hervor. Es war so hell, wir konnten kaum unsere Augen offenhalten - doch langsam legte sich die Strahlung und ein Mann von fürstlichem Antlitz gab sich zu erkennen.

Sein Körperbau wie gemalt - athletisch und muskulös, bei einer Größe von circa 1.85 Meter. Er hatte große violette Augen; langes leicht gewelltes goldbraunes Haar und markante Gesichtszüge, ähnlich wie jene der alten Griechen. Doch zugleich barg sein Äußeres etwas ganz Eigenes in sich, wie von einer anderen Welt - als würde er mehrere Merkmale gleichzeitig tragen, vereint in einem vollkommenen Bilde.

Sein Gesicht schien jung, nicht älter als zwanzig, doch seine Augen verrieten, dass er über eine große Weisheit verfügt.

Ein edles violett-goldenes Gewand, teils enganliegend und teils locker, bedeckte seinen Körper. Auf seinem Rücken trug er einen langen, äußerst aufwändig gestrickten violetten Umhang, der beinahe bis zum Boden ragte. Dieser war mit tausend kleinen Diamanten versehen.

»Das ist Herr Violett!«, rief Lotus. Gleich im nächsten Moment lächelte er, verbeugte sich leicht und entschwand wieder im violetten Licht. Lotus drehte sich freudig wie eine Tochter, die ihren Vater gesehen hat zu mir und wiederholte:

»Das war Herr Violett! Der gütige und mysteriöse Herr, der mir vor wenigen Wochen die Violine schenkte. Seine Präsenz ist magisch. Ich wollte dir schon viel früher von seinem äußeren Erscheinungsbild erzählen, doch dachte, du glaubst mir vielleicht nicht. Nun hast du ihn gesehen und zu meiner Überraschung sah ich ihn auch das erste Mal in einem violetten Lichtvortex erscheinen.«

Immer wieder schwebte mir der Gedanke im Kopf, dass ich diesen Mann kenne, doch ich erinnerte mich nicht woher. Seine ganze Energie weckte in mir ein starkes Gefühl der Verbundenheit. Für einen Moment versank ich im tiefen Nachsinnen, doch dann glitt mein Bewusstsein zurück und ich sagte zu Lotus:

»Was für ein Auftritt - ich würde es genauso machen, wenn ich wüsste, wie! Seine Präsenz fühlt sich sehr vertraut an...«

Mein Herzchakra öffnete sich wieder ganz weit. Es war, als würde seine Energie direkt aus meinem Herzen strahlen.

»Ich kann fühlen, was du versuchst irgendwie in Worte zu fassen«, sagte Lotus mit einer starken Emotion in ihrer Stimme.

»Doch Worte können nur vage beschreiben, welche Fülle an Gefühlen mein Herz umfasst, Lotus...«

Auf einmal bildete sich eine helle violette Strahlung um ihren Leib - dann sagte sie:

»Ich habe das Gefühl, wir kennen uns schon ewig und seit ich dich getroffen habe, passieren die schönsten Dinge!«

»Wir kennen uns schon ewig«, antwortete ich selbstsicher

und schaute ihr dabei mit festem Blick in die Augen.

In einem Hops, ohne zu zögern, sprang sie zu mir und umarmte mich. Ich fühlte so viel Liebe. So innig, als wäre sie ein Teil von mir. Sanft griff ich nach ihren Händen und blickte ihr erneut tief in die Augen. Es war, als blicke ich direkt in Ihre Seele, in die Essenz ihres Wesens… und dann geschah es. Unsere Gesichter wurden von der Kraft der Liebe angezogen und wir küssten uns schließlich. Ein starker Wind sauste durch die Wälder. Unsere Haare flogen weit empor und die Vögel begannen herrlichst zu singen. Eine mächtige Liebeswelle wurde aus dem Herzen unseres Wesens ausgesandt, welche die ganze Umgebung erhob; erleuchtete und reinigte. Ich nahm ihre rechte Hand, legte sie auf mein Herz und meine linke Hand darauf. Sie tat das Gleiche mit meiner. Wir brachten unsere Stirn direkt aneinander und schlossen die Augen.

Langsam verschmolzen unsere Körper miteinander. Ich fühlte keinen Unterschied mehr von meinem und ihrem - es war ein Körper. Jedes Gefühl teilten wir uns, jeder meiner Atemzüge war auch ihr Atemzug und jeder Gedanke für uns beide klar ersichtlich. Unser drittes Auge öffnete sich gänzlich und so sahen wir auf einmal unsere zusammengefügten Energien. Pure Einheit zwischen dem göttlichen Männlichen und dem göttlichen Weiblichen. Nun wussten wir es - wir sind von einer Seele - wir sind Zwillingsflammen!

So standen wir dort, hoch oben auf dem Königsgipfel, erfüllt von wahrer Liebe. Das Gefühl der Zeit verblasste gänzlich und wir erlebten Moment für Moment das Hier und Jetzt.

Ein überraschend kühler Wind veranlasste uns, die Augen wieder zu öffnen. Wir schauten umher und lachten - es war bereits dunkel. Stunden müssen vergangen sein, doch für uns fühlte es sich zeitlos an.

»Ich würde vorschlagen, wir sollten heimkehren«, sagte ich zu ihr in vollkommener Glückseligkeit.

»Ja, in der Tat«, antwortete sie im gleichen Gemütszustand.

Kaum ausgesprochen, schon lachten wir erneut, hielten uns an den Händen und tanzten im Licht der Sterne.

»Wir sollten nun wirklich los - schließlich wollen wir ja noch unser Duett spielen«, äußerte ich mit einem Lächeln in der Stimme.

»Oh ja, stimmt, ja - das wird fantastisch!«, rief Lotus in den Himmel und drehte sich dabei freudig im Kreis.

Hand in Hand gingen wir zurück, durch die weiten Wälder unserer wunderschönen Mutter Natur und fuhren schließlich im Mantel der Liebe heim.

Himmlische Klänge

Es war nun 21:00 Uhr. Von weitem erblickte ich Licht im Erdgeschoss. Meine Mutter schien zu Hause zu sein. Leise wie eine Katze auf der Hut, parkte ich den Wagen. Es gab keineswegs etwas zu verheimlichen oder wovor ich mir hätte Sorgen machen müssen, doch dieses Spiel der Stille erfüllte uns beide mit einer besonderen Atmosphäre, die wir kindlich genossen.

Mit Schwung stiegen wir aus. Lotus nahm ihre Violine und synchron versuchten wir die Türen zu schließen. Ich zählte runter:

»Drei, Zwei, Eins.« „Wumms" - wir kicherten. Alte Autotüren lassen sich einfach nicht leise schließen.

Dann ging es zur massiven Türe. *»Gott sei Dank ist diese gut geölt«*, dachte ich mir.

Flüsternd sprach Lotus:

»Wow... Solch eine Türe habe ich noch nie gesehen.«

»Nun warte, bis du das Schloss arbeiten hörst«, gab ich leise zur Antwort.

»Klingt mysteriös. Was bedeuten diese Schriftzeichen eigentlich? Sie kommen mir so bekannt vor...«

»Die Geschichte erzähle ich dir besser ganz in Ruhe.«

Ich drehte den Schlüssel und das Schloss begann zu arbeiten. Lotus schaute mich mit großen Augen an.

»Als würde man ein mächtiges Tor mit tausend Zahnrädern öffnen.«

Leise lachte ich. »Genau mein Gedanke.« Behutsam öffnete ich die Türe.

»Überraschend gut geölt«, sagte Lotus.

Ein intensives Lachen wollte aus meinem Munde entweichen, doch ich unterdrückte es und schob die Heiterkeit durch meine Nase - das Spiel der Stille lief ja schließlich noch. Bevor wir rein gingen, sagte ich zu ihr:

»Lass uns versuchen, die Füße synchron aufzusetzen.«

Ich blickte ins Wohnzimmer und sah meine Mutter beim knisternden Kaminfeuer auf der Couch schlafen. Nun ging ich voran und hielt Lotus' Hand. Vollkommen in Harmonie, als wären wir eins, schlichen wir die Treppe hoch.

Oben angekommen, schloss ich die Türe. Wir hoben unsere Hände empor und klatschten ein. Sogleich griff ich nach ihrer Rechten und sie wusste sofort, was meine Intention war: Wie eine Prinzessin drehte sie sich mehrfach im Kreis. Wieder lachten wir und umarmten uns - dann bekam sie den Flügel zu Gesicht...

Für mehrere Sekunden schaute sie schweigend auf das Prachtstück, während ich mit einem breiten Grinsen zu ihr blickte. Ich konnte fühlen, wie ihr gedanklich die Kinnlade bis zum Boden hängt - absolut verständlich. Dies schien die Reaktion von allen zu sein, welche diesen Flügel zum ersten Mal sehen.

Sie blickte zu mir, wieder zum Flügel und nochmal zu mir, mit den anschließenden Worten:

»Der ist von Herr Violett! Er sieht meiner Violine so ähnlich, doch mit seinem ganz eigenen Charakter. Du wusstest es!« Sie grinste.

»Es sollte eine Überraschung sein«, gab ich ebenso grinsend zur Antwort. »Als du mir deine Violine gezeigt hast, ahnte ich sofort, dass Herr Violett sie dir schenkte. Tatsächlich habe ich ihn auf dem Berg mit dir das erste Mal gesehen, vorher lediglich von ihm gehört. Meine Mutter lernte ihn bei der Hausbesichtigung kennen. Dieses Heim gehört ihm und wurde über Jahrzehnte immer wieder an Menschen übergeben, die sich den inneren Lehren der Liebe und Weisheit geöffnet haben.«

Mit funkelnden Augen schaute sie mich an und sagte:

»Das ist alles so herrlich, Anandriel!«

Ich konnte ihre Freude deutlich spüren. Auch ich empfand gleiche Emotionen. All diese magischen Erfahrungen erfüllten mich mit den höchsten positiven Gefühlen. Nun haben Lotus und ich einander gefunden und können all dies zusammen erleben - vollkommen in Einheit, beflügelt von wahrer Liebe.

»Lass uns spielen!«, gab ich freudig kund.

»Ja unbedingt, doch deine Mutter... Wird Sie dadurch nicht wach?«

»Sie liebt es, wenn ich spiele und lässt mir den Freiraum es zu tun, wann immer es mir beliebt. Ich denke, es wird ihr heute, zusammen mit dir, zu einem großen Segen.

»Dann lass uns spielen!«, sagte Lotus.

Sie gab mir einen kurzen Kuss, drehte sich einmal im Kreis, kicherte dabei und packte anschließend ihre Violine aus.

»Was sollen wir spielen, Anandriel?«

»Wie wäre es mit Chopin Nocturne N.20 in Cis Moll?«

»Oooooh ja - eine hervorragende Wahl!«

»Wenn ich einen Wunsch äußern darf, dann beginne du doch bitte mit der Melodie und ich begleite dich zunächst auf dem Flügel.«

Ich konnte fühlen, dass dies auch ihr Wunsch war. So würde

ich den Klang der Violine zum ersten Mal richtig erleben. Sie musste gar nichts sagen. Wir hatten unsere eigene Sprache auf der Gefühlsebene.

Lotus legte ihre Violine an und schloss die Augen. Ich nahm sogleich am Flügel Platz. Das Konzert begann.

Als sie den ersten Ton spielte, strömte eine einzigartige Energie durch mein Wesen. Eine Kombination aus Leichtigkeit und Kraft. Der Klang war etwas ganz Besonderes, als käme er direkt aus dem Himmel. Ich hatte das Gefühl, die Töne glitten auf Engelsflügeln durch den Raum - in perfekter Harmonie.

Intuitiv wechselten wir und so begleitete sie mich nun auf der Violine, während der Flügel die Melodie in seiner Einzigartigkeit zum Ausdruck brachte. Wir wurden völlig Eins mit der Musik und segelten gedanklich auf den Wellen der himmlischen Klänge.

Das Konzert neigte sich dem Ende zu. Den letzten Ton spielten wir synchron, der langsam im ganzen Raum ausklang.

Ich drehte mich zu ihr und sah zu meiner Überraschung meine Mutter an der Treppe stehen. Verwundert über meine Blickrichtung, drehte sich Lotus ebenso um und sagte leicht erschrocken:

»Oh, Frau... Ich kenne ihren Namen gar nicht, doch wir wollten sie wirklich nicht aufwecken...«

»Bitte junge Dame, es ist alles in bester Ordnung«, gab meine Mutter mit ruhiger Stimme zur Antwort. »Ich bin von eurem Duett zutiefst berührt. Noch nie in meinem ganzen Leben habe ich ein derart harmonisches Ensemble zu Ohren bekommen. Selbst wenn es mitten in der Nacht gewesen wäre, hätte ich mich doch gerne von solchen Klängen wecken lassen. Ich heiße übrigens Rosa - einfach nur Rosa.

Sagen sie junge Dame, wo haben sie solch eine Violine her?«

»Sehr erfreut Rosa, ich heiße Lotus. Ja wie soll ich ihnen das erklären... Ein mysteriöser Mann schenkte Sie mir. Anandriel sagte, sie trafen ihn bereits.«

»Ja natürlich, Herr Violett! Da hätte ich gleich draufkommen sollen, bei der Ähnlichkeit, die ihre Violine mit dem Flügel aufweist. Habe ich dich richtig verstanden, Lotus ist dein Name?«

»Ja genau, wie die Lotusblume.«

Für ein paar Sekunden blickte meine Mutter nachdenklich umher. Dann sagte sie schließlich:

»Einen Moment bitte, junge Dame. Es ist am besten, ich zeige dir, was ich zu erzählen plane...« Sie huschte flink die Treppe hinunter.

»Deine Mutter ist so süß - ganz entzückend und lieblich.«

»Ihr versteht euch super - das freut mich riesig, Lotus!«

»Ich mag sie sehr, Anandriel.«

Wir gaben uns einen kurzen Kuss. Schon hörten wir meine Mutter wieder die Treppe hoch eilen. Völlig aus der Puste sagte sie:

»Puh... Mit Sport sollte ich wieder anfangen! Nun schau junge Dame. Diesen Brief habe ich von Herrn Violett erhalten. Fällt dir etwas auf?«

Lotus nahm ihn behutsam, drehte ihn in alle Richtungen und dann entdeckte sie es.

»Das Siegel - eine violette Lotusblume! Mir fehlen die Worte...«

»Es geht mir ähnlich... - doch junge Dame, all dies ist kein Zufall. Mein Bewusstsein hat sich in den letzten zwei Wochen derart ausgedehnt, dass ich plötzlich eine klare Führung gewisser höherer Kräfte in allem erkennen kann. Ereignisse fügen sich, dessen Zusammenhänge so verblüffend sind, dass doch wirklich nur die stinkende Sturheit des Verstandes jene als Zufall abstempeln kann. Sobald man diese Geisteszecke entfernt, durchbricht man die selbstgesetzten Grenzen und erkennt die Wahrheit.«

»Wahre und weise Worte liebste Mutter.« Ich schenkte ihr ein herzliches Lächeln.

»Das sehe ich genauso!«, fügte Lotus hinzu.

»Ihr zwei seit so entzückend, doch nun wird es Zeit für mich zu gehen. Liebe Lotus - es hat mich wirklich sehr gefreut dich kennen zu lernen und euer Duett wurde mir zu einem ganz besonderen Segen. Bis bald ihr Lieben.« Sie umarmte Lotus, schickte mir einen Luftkuss und ging sogleich nach unten.

»Deine Mutter hat ein ganz großes Herz. Ich wünsche ihr alles Glück der Welt auf ihrem individuellen Weg. Wirklich schön, dass du mit deiner Mutter über diese Sachen reden kannst.«

»Das habe ich Herr Violett zu verdanken. Meine Mutter ist seit den letzten zwei Wochen wie ausgewechselt - erfüllt von purer Glückseligkeit!«

Wir umarmten uns. Dann fragte ich sie:

»Es ist schon spät, soll ich dich heimfahren oder möchtest du noch etwas bleiben?«

Sanft griff sie nach meiner Hand, schaute mir voller Liebe in die Augen und antwortete:

»Für mich gibt es keinen Grund zu gehen.«

Ich gab ihr einen Kuss und sagte sogleich:

»Wie wäre es, wenn wir den Kamin entzünden, und begleitet von klassischer Musik erzähle ich dir die Geschichte vom magischen Berg?«

»Ich könnte mir nichts Besseres vorstellen. Darf ich das Feuer entzünden?«, fragte sie mich.

»Na klar. Ich bereite den Rest vor.«

Sie hatte keine Scheu, sich die Hände schmutzig zu machen und zauberte in wenigen Minuten ein gemütliches Kaminfeuer. Wir redeten Stunden, umhüllt von der magischen Atmosphäre, bis sie irgendwann in meinen Armen einschlief. Ein wenig später glitt ich ebenso davon.

Der perfekte Tag

So gut hatte ich schon lange nicht mehr geschlafen. Harmonisch weckten uns die Vögel am frühen Morgen. Die Wärme vom Kamin war noch leicht zu spüren, doch um erfrischt in den Tag zu starten, öffnete ich das Tor Asgards. Augenblicklich sauste der kühle Morgenwind durch den Raum, gefolgt von den herrlichen Düften der Natur. Lotus nahm einen tiefen Atemzug und streckte ihre Arme weit empor.

»Guten Morgen Herr Meisterpianist. Ein perfekter Tag beginnt.«

»Guten Morgen Frau Meisterviolinistin - in der Tat. Es wäre mir eine große Freude, dir mein selbstgemachtes glutenfreies Rohkostbrot mit Avocado zu servieren. Hast du Hunger?«

Grinsend schaute sie mich an. »Und wie! Soll ich dir helfen?«

»Ich würde dich gerne mit dem Ergebnis überraschen.«

»Das klingt großartig. Derweil meditiere ich etwas auf dem Balkon.«

Nach einer Weile des munteren Schaffens, mit Mozarts melodischen Klängen im Hintergrund, war die Arbeit endlich erledigt. Nun galt es mein Werk zu verkünden, doch ich wollte Lotus nicht aus ihrer Meditation rausholen. Als hätte sie meine Gedanken empfangen, öffnete sie sogleich ihre Augen und schenkte mir ihr wunderschönes Lächeln.

»Sie strahlt so viel Lebenskraft aus«, dachte ich mir.

»Alles ist angerichtet«, sagte ich sogleich mit einem höchst fröhlichen Ton in der Stimme.

»Diese Gerüche... himmlisch!«, rief sie von draußen.

Elegant wie immer kam sie rein und erblickte den reichlich gedeckten Tisch.

»Gestattest du mir sämtliche Speisen vorzustellen?«, fragte ich sie.

»Anandriel... Das sieht aus wie direkt aus dem Paradies!«

»Wir sind im Paradies! Nun denn, bitte nehmen sie Platz schöne Dame.«

»Ganz vornehm der Herr - herzlichst gerne, vielen Dank.«

»Es gibt heute: Selbstgemachtes glutenfreies Rohkostbrot mit frischer Avocado sowie schwarzem Pfeffer und wem es beliebt, etwas naturbelassenes Himalaya-Salz. Des Weiteren kann das Brot mit Waldhonig aus der Region oder selbst gemachtem Humus genossen werden.

Für die Exotik sorgen Mangos; Melonen und Medjool-Datteln sowie Papayas; Pitahayas und Passionsfrüchte. Ein paar heimische Pflaumen und Pfirsiche durften natürlich nicht fehlen, zuzüglich frischer Erdbeeren und Heidelbeeren.

Das Müsli, was du hier vorne siehst, besteht aus gekeimten Saaten. Verfeinert mit Bananen und Zimt entwickelt sich dies zu einem wahren Gaumenschmaus.

Nun zu den Getränken und dafür habe ich mir etwas Besonderes ausgedacht. Das Wasser, ausschließlich reines Quellwasser - und diese dunkelgrüne Flüssigkeit gleich daneben ist Dinkelgrassaft, frisch zubereitet und selbst angebaut. Zur Herstellung habe ich das soeben geerntete Dinkelgras in einen hochwertigen Entsafter gegeben. Jenen, den ich verwende, besteht komplett aus Edelstahl mit sogenannten Zwillingswalzen. Durch die hochwertige Verarbeitung sowie langsame und schonende Pressung, wird das Dinkelgras optimal entsaftet und enthält nach wie vor all die wichtigen Vitamine und Mineralien.

Die Flaschen, die ich hier vorne positioniert habe, sind die mit Abstand besten Nahrungsergänzungsmittel, die ich bisher gefunden habe. Der Erfinder hat sich viel Mühe gegeben und sogenannte liposomale Nahrungsergänzungsmittel entwickelt. Pur für die Zelle! Die Bioverfügbarkeit ist durch die liposomale Verabreichung deutlich höher, als wenn man Pulver oder Tabletten zu sich nimmt. Ich hoffe, es gefällt dir.«

In absoluter Faszination rief sie aus:

»Gott... Himmel... Das ist das beste Frühstück, was mir jemals zu Augen gekommen ist. Wie hast du all das so schnell zubereitet?«

»Schnell ist relativ. Du hast beinahe eine Stunde meditiert. Genügend Zeit, um all dies zu zaubern. Es freut mich, dass es dir gefällt!«

»Und wie! Einfach perfekt, Anandriel!«

»Dann lass uns nun speisen«, sagte ich zu ihr.

Sie umarmte mich, gab mir einen Kuss und wir speisten sogleich von der reichlich gedeckten Arthurplatte. Aus dem Nichts fragte ich sie:

»Du, sag mal, weißt du was heute auf dem Stundenplan steht?«

»Lediglich Geschichte. Zumal ich sowieso nur Biologie und Geschichte besuche«, antwortete Lotus.

»Exakt meine Wahl!«

»Moment mal...«, sagte sie mit erhöhter Tonlage. »Heute findet die alljährliche Einführung zu Beginn des neuen Schuljahres statt. Der Schuldirektor, der den Geschichtskurs für die Abiturjahrgänge leitet, hat bisher jedes Jahr eine kurze Rede gehalten, in der bedeutende historische Ereignisse aufgriffen werden. Die gesamte Schule wird im großen Saal versammelt sein.«

»Welch eine Überraschung…«, sagte ich mit einem mystischen Unterton in meiner Stimme, während ich geschmeidig meinen Bart streichelte. Wieder kam ein starkes Gefühl in mir hoch, dass es heute eine Aufgabe zu erfüllen gilt. Was genau, blieb abzuwarten.

Wir aßen in aller Seelenruhe zu Ende. Bis zur Versammlung blieben noch drei Stunden. Irgendwann sagte ich zu Lotus:

»Ich möchte gerne die restliche Zeit, die noch verbleibt, in der Meditation verweilen. Bitte fühle dich wie zu Hause. Meine Mutter dürfte bereits unterwegs sein. Das Haus ist gänzlich dein.«

»Natürlich, ich gehe solange etwas spazieren. Ich liebe die Gegend hier.«

Lotus konnte fühlen, wie wichtig mir die Ruhe nun war - und so sehr ich sie auch liebe, es erschien mir am besten, eine Weile allein im Haus zu verbringen. Sie zog geschwind ihre Schuhe an, gab mir einen Kuss und huschte wie eine Waldelfe raus in die Natur.

Ich bereite alles vor, schloss die Fenster und schaltete mein Handy aus. Bequem legte ich mich auf die Schlafcouch und stützte meinen Rücken durch zwei Kissen, sodass mein Oberkörper leicht erhoben war. Eine dünne Decke hielt mich warm.

Machtvolle Meditation

Ich nahm mehrere tiefe Atemzüge und visualisierte, wie bei jedem Einatmen eine intensive violette Strahlung durch meinen Körper floss, und mit jedem Ausatmen diese in meiner ganzen Aura sowie meinem energetischen Feld verteilt wurde. Dieses violette Licht ist die verzehrende Flamme göttlicher Liebe und reinigt alles, worauf die Aufmerksamkeit gerichtet wird. Sie befreit das Wesen, welches sie bewusst durch die mächtige ICH BIN Präsenz aufruft, von jeglichem Missklang. Orte; Dinge und Wesen können damit gereinigt werden - dies beliebt der Intention des Individuums.

Danach visualisierte ich mich Selbst vollkommen umhüllt und gefüllt von der violetten Flamme. Ich sah sie weit über meinen Kopf ragen sowie mindestens drei Meter um mich herum. Willenskraft; Ausdauer und Fokus sind essenziell für den Erfolg dieser Übung. Der Fokus soll sich einzig und allein auf die Vorstellung der violetten Flamme richten. Niemals kann sie in einem Wesen oder einer Angelegenheit etwas anderes als Frieden; Liebe und ewige Güte erzeugen. Dieser Fokus muss entschlossen, solange es dem Individuum möglich ist, gehalten werden.

Nach einigen Minuten der intensiven Visualisation fühlte ich mich erhoben, erleuchtet und gereinigt. Eine angenehme Ruhe und zugleich starke Kraft erfüllte mein ganzes Wesen.

Zu guter Letzt richtete ich meine Aufmerksamkeit auf die Mitte meiner Brust, visualisierte dort eine große leuchtende goldene Sonne und spürte die Einheit mit der mächtigen ICH BIN Präsenz, unser wahres Selbst, unser Gott-Selbst. Ich ließ die Liebe; Weisheit und Kraft harmonisiert in mein Wesen fließen. Wenn der Mensch auf sein Gott-Selbst vertraut, so wird er immer siegen!

Versammelt

Geladen mit Kraft, erfüllt von Liebe und gesegnet mit Weisheit, öffnete ich meine Augen und wusste nun, was zu tun ist. Mal wieder im perfekten Timing, hörte ich Lotus gerade die Tür öffnen. Wie von einem Zauber umhüllt, kam sie ins Wohnzimmer - das Erste, was ich zu ihr sagte, war:

»Ich bin bereit.«

»Wundervoll«, gab sie lächelnd zur Antwort. »Ich gehe noch schnell duschen und dann können wir gerne los.«

»Perfekt«, antwortete ich.

Während sie oben duschte, wartete ich im Erdgeschoss und etwa dreißig Minuten später kam sie herrlichst duftend die Treppe hinunter. Ihre langen Elfenhaare brauchen nun mal eine Weile, bis sie trocken sind.

Rasch stiegen wir ins Auto. Lotus wählte intuitiv einen mystischen Musiktitel mit wundervollen weiblichen hohen Tönen und angenehmen Naturgeräuschen. Die ganze Fahrt über lauschten wir in aller Stille der Musik.

Auf dem Schulparkplatz angekommen, erwies es sich als knifflig, einen Abstellplatz zu finden. Hunderte Autos waren dort bis auf die Straße eng aneinandergereiht. Wir mussten weit entfernt parken. Das ließ erahnen, welche Fülle an Menschen anwesend sein würde.

Es verblieben nur noch wenige Minuten, bis zum Beginn der Empfangsrede. Lotus nahm meine Hand und wir eilten zum großen Saal. Von weitem spürte ich bereits die verschiedensten Energien, alle miteinander gemischt.

Wir öffneten die große Tür und erblickten hunderte Schüler, samt Eltern und Bekannten. Stimmen kamen von allen Richtungen. Ein wildes Durcheinander an Gesprächen war zu vernehmen. Lediglich an den Seiten konnten wir noch Plätze finden - stehend wohlgemerkt.

»In diesen Saal passen über 2000 Menschen und ich muss zugeben, er sieht randvoll aus...«, sagte Lotus.

»Über 2000?!«, fragte ich überrascht.

»Ja... Es sind heute so ziemlich alle anwesend. Nicht nur Schüler; Familien und Freunde, sondern auch das Fernsehen - schau dort hinten.« Sie zeigte auf ein Kamerateam nahe der Bühne.

»Die scheinen wirklich professionell aufgestellt zu sein...«, sagte ich verblüfft.

»Ja, in der Tat Anandriel! Es wird landesweit Live übertragen. Der Direktor trägt einen besonderen Ruf für seine jahrelange Forschung. Diese Schule umfasst die größte Schulbibliothek in ganz Deutschland, ausgestattet mit zahlreichen Originalwerken alter Manuskripte. Seine jährliche Rede ist quasi Tradition. Er ist so etwas wie der Rockstar unter den Historikern.«

»Immer wieder erstaunlich, über was du alles informiert bist.«

Sie lächelte ganz bescheiden.

»Wie heißt er eigentlich?«, fügte ich hinzu.

»Prof. Dr. Dr. Emilius Magonto Paradolius.«

Im nächsten Moment hörte man das hohe und laute Fiepsen des Mikrofons, das gerade eingeschaltet wurde. Wir haben sein Kommen gar nicht bemerkt, so stand er bereits auf der Bühne. Der Saal wurde ganz still. Seine Rede begann.

Tradition – Die Empfangsrede

Sehr verehrte Damen und Herren, ich heiße Sie im Namen der Schule ganz herzlich willkommen. Vielen Dank, dass Sie so zahlreich erschienen sind. Erneut wurde mir die Ehre erwiesen, dieses Jahr die Empfangsrede halten zu dürfen. Ich kann mir vorstellen, dass beim Anblick des Buffets der ein oder andere mit seinen Gedanken bereits beim Essen schwebt, doch ich bitte Sie um noch ein wenig Geduld.

Heute möchte ich ausnahmsweise mein Sprachrohr im Zaum halten und meinen Schülern und Schülerinnen die Möglichkeit geben, hier, wie auch vor allen Fernsehzuschauern, ein paar Worte über die aktuelle globale Situation in Relation zu bedeutenden historischen Ereignissen loszuwerden. Ich empfinde es für wichtig, dass unabhängig vom Titel, jedem die Möglichkeit geboten werden sollte, seine Gedanken zu teilen, denn wer weiß, welche bereichernden Schlussfolgerungen dabei hervorkommen.

Zwei eifrige Schüler aus meinem Abiturjahrgang haben für Sie eine kleine Präsentation vorbereitet. Ich übergebe das Wort an Emilia und Lorenz.«

Der Saal klatschte und was folgte, war ein dreißigminütiger Vortrag, von dem ich wusste, er entspricht bei weitem nicht der Wahrheit. Nicht nur meine eigenen Recherchen widerlegten die Aussagen der beiden, sondern vor allem mein Herz sagte mir schon immer, dass vieles, wie es auf der Welt dargestellt wird, eine sogenannte kontrollierte Erzählung ist. Wahrheiten werden verschleiert und Lügen verbreitet. Doch wer hat so eine große Angst davor, dass die Wahrheit ans Licht kommt? Ein starkes Gefühl sagte mir, ich sollte nun auf die Bühne gehen und zu allen sprechen. Ich wusste, das ganze Land schaut gerade zu, doch entschlossen ging ich zu Prof. Dr. Dr. Emilius Magonto Paradolius, schaute ihm mit festem Blick in die Augen und sagte:

»Herr Professor, sehr erfreut, mein Name ist Anandriel. Ich bin neu auf ihrer Schule. Es freut mich sehr zu hören, dass Sie heute ihren Schülern die Möglichkeit geben, auf dieser bedeutenden Veranstaltung zu sprechen. So bitte ich Sie, auch mir die Möglichkeit zu geben, mein Innerstes in Bezug auf die vorgestellten Themen sowie Weitere zu teilen.«

Er überlegte einen Moment - dann sagte er:

»Junger Mann, die Möglichkeit möchte ich ihnen nicht vorenthalten. Bitte kommen Sie sogleich mit.«

Er ging erneut auf die Bühne und sprach:

»Vielen Dank für euren Vortrag, Emilia und Lorenz. Eine für mich unerwartete Situation nahm soeben ihren Lauf. Ein junger Mann, neu auf unserer Schule, möchte gerne in Anbetracht auf die soeben vorgestellten Informationen, einen Vortrag halten. Wie ich ihnen bereits zu Beginn mitteilte, gilt meine heutige Intention, den Schülern und Schülerinnen das Wort zu geben. So bitte ich um einen kräftigen Applaus für Anandriel.«

Der Saal bebte - die Anwesenden klatschten wild in ihre Hände. Für einen Moment kam mir alles wie in Zeitlupe vor.

Lotus stand an der Seite und hatte ihre Augen geschlossen. Sie strahlte so viel Kraft aus. Für die anderen schien sie unsichtbar, doch für mich war sie der Mittelpunkt - das Zentrum des Saals. Ich wusste intuitiv, dass sie gerade kontinuierlich die Energien im Raum reinigt und zugleich negative Wesen fernhält. Ihre Präsenz war für mich über die Distanz so intensiv zu spüren, dass ich das Gefühl hatte, sie steht direkt neben mir.

Plötzlich öffnete sich mein drittes Auge und ich sah glasklar, wie aus ihrem Wesen eine violette Energie in alle Richtungen floss. Dieses Licht füllte den kompletten Raum. Intuitiv blickte ich zur Decke und im Bruchteil einer Sekunde manifestierte sich ein riesiges geflügeltes Wesen, hell leuchtend im Raum. Seine Flügel ragten durch den gesamten Saal, bis durch die Wände. Er umhüllte das ganze Gelände mit einer blauen strahlenden Lichtkuppel. Nun wusste ich, Lotus hat ihn gerufen und sein Name lautet:

„Erzengel Michael“

Ich begann zu sprechen...

Erwacht

Vielen Dank für diese herzliche und motivierende Begrüßung. Mein Name ist Anandriel und ich möchte diese Gelegenheit heute nutzen um ihnen allen, anwesend hier im Saal sowie landesweit vor dem Fernseher, mehr zu den soeben angesprochenen Themen zu präsentieren.

Ich erzähle aus eigenen Erfahrungen und Recherchen, sowie von Recherchen und Erfahrungen anderer, die sich in der Essenz mit derer meiner decken. Vorab möchte ich gerne sagen, es gibt so viele Bereiche, in die man eintauchen kann, über die man erzählen kann, dessen Inhalte ganze Bücher füllen können. Meine Intention ist es, einen Überblick zu schaffen, dessen Teile sich zusammenfügen lassen, wie ein kinderleichtes Puzzle.

Ich schaue mir die Welt an und sehe den Menschen, die Tiere und die Natur. Die Beziehung zueinander ist entscheidend für die Harmonie untereinander.

Wir alle leben zusammen auf diesem Planeten und haben über

die Jahrtausende eine Geschichte geschrieben, mit vielen verschiedenen Kapiteln, verteilt über viele verschiedene Epochen.

Im Laufe der Geschichte gab es viele Kriege aufgrund des Missbrauchs von Macht und Geld. Gierig wurde sich über Besitztümer gestritten, Unterdrückung breitete sich aus und ganze Völker hungerten, während eine kleine Gruppe im Golde badete. Die Geschichten beweisen, dass Unterdrückung immer zu Missklang führt und verheerende Folgen mit sich bringt. Mensch; Tier und Natur litten.

Es war nie der Fall, dass zu wenig Nahrung; Rohstoffe oder Reichtümer vorhanden waren. All dies gab es schon immer in Fülle. Es war immer das Bestreben einer kleinen Fraktion, mehr haben zu wollen, als alle anderen.

Neben Krieg; Hunger und Leid hat auch die Natur in Perioden all den Missklang in Form von Naturkatastrophen von sich gewaschen. Es wurde bewiesen, dass Frequenzen eine direkte Auswirkung auf die Natur haben. So sorgt Positives für Harmonie; Frieden und Wohlklang, während Negatives Angst; Hass und Leid zur Folge hat.

Wie ist die Situation heute? Der Zweite Weltkrieg ist vorbei, doch haben wir wirklich Frieden? Haben wir Einigkeit, Recht und Freiheit?

Zur Einleitung des Folgenden erscheint es mir als geeignet eine Datenanalyse zu erwähnen, welche die Vermögensverteilung auf der Welt ausgewertet hat. Die Ergebnisse sind selbstredend:

Das reichste Prozent der Weltbevölkerung besitzt 40 Prozent des Weltvermögens. Die reichsten 10 Prozent besitzen zusammen 85 Prozent des Weltvermögens. Die ärmeren 50 Prozent besitzen zusammen nur 1 Prozent des Weltvermögens.

Andere Quellen sind zu ähnlichen Ergebnissen gekommen. Egal welche Zahlen man sich hinsichtlich der Vermögensverteilung in den letzten zehn Jahren anschaut, das Ergebnis bleibt erschreckend und sollte stark zum Nachdenken anregen!

Millionen Menschen hungern, Milliarden arbeiten beinahe den ganzen Tag und haben dennoch kaum Geld zur Verfügung, während ein winziger Prozentsatz so viel Geld besitzt, dass sie wahrscheinlich niemals ausgeben können. Sämtliche Vorzüge des heutigen Fortschritts sollten jedem gleichberechtigt zur Verfügung stehen und nicht nur den wenigen Superreichen. Die Analysen der Ungleichverteilung zeigen einem deutlich, dass einiges auf diesem Planeten in Disbalance geraten ist und kann als Anregung genutzt werden, um tiefer zu graben, mit der Frage: „Was ist die Ursache dafür?"

Die Antwort im Detail aufgeführt, kann ganze Bücher an Informationen füllen. Zusammengefasst decken sich die Gründe mit jenen, die ich eben kurz aufgeführt habe. Einige Wenige, kranke, manipulierte und machtgierige Menschen üben Unterdrückung auf die Masse auf, versklaven ganze Völker und baden im Geld, welches durch Blutvergießen in deren Hände kam. Durch eine bewusst induzierte Massenmanipulation werden die meisten im Glauben gehalten, der jetzige Zustand sei normal. Die Masse legte bislang ihr Vertrauen in die Medien, welche gezielt Lügen verbreiten, um das Kollektivbewusstsein in einer niedrigen Schwingung zu halten. Durch diese Lügen entsteht eine negative Gesamtsituation, erschaffen durch den Glauben der Masse. Hinzu kommt die Vergiftung des Körpers durch Toxine in Nahrung; Wasser und Luft, welche das Körpersystem schwächen und somit das Selber-Denken erschweren.

Meine Aussagen mögen bei dem ein oder anderen ein wenig Verwirrung aufkommen lassen, doch ich werde ihnen im Folgenden genügend Daten liefern, welche tiefer ins Detail gehen und dennoch nur die Oberfläche ankratzen. Ich sage ihnen, die Situation von Unterdrückung; Leid; Angst und starker Ungleichverteilung ist keineswegs die einzige Möglichkeit! Es gibt weitere Möglichkeiten. Möglichkeiten, die ein besseres, gesundes, friedvolles und harmonisches Leben ermöglichen! Ich nenne ihnen nun drei bedeutende Beispiele:

1. Gerätschaften, die jegliche Krankheiten identifizieren und diese durch Frequenzen vollständig und vollkommen nebenwirkungsfrei heilen.

2. Antigravitationstechnologien, wodurch sich Autos mit entsprechendem Umbau hocheffizient fortbewegen können. Der Reifen ist dadurch nicht mehr von Bedarf.

3. Freie-Energie-Technologien, wodurch der Verbrennungs- und Elektromotor abgeschafft werden kann. Der Erdölabbau wird damit überflüssig und kann gestoppt werden. Außerdem sind die gefährlichen Atomkraftwerke nicht mehr von Bedarf und können ebenso vollständig außer Betrieb genommen werden.

Ich habe ihnen hiermit lediglich drei Beispiele genannt. Viele Weitere existieren, welche die globale Situation erheblich ins Positive bringen können, doch bislang wurden diese weitgehend unterdrückt.

Nun stellt sich die Frage: „Wer unterdrückt diese Technologien und warum?"

Die Antwort liegt nicht fern. Jene Menschen, die ihre Macht und ihr Geld durch die Veröffentlichung dieser Technologien verlieren würden. Dazu gehören Unternehmen wie zum Beispiel die Pharmaindustrie; die Ölindustrie oder Energiekonzerne. Hinzu kommen Politiker; Investoren; Banker; Medienkonzerne und viele weitere, welche mit diesen Unternehmen in Verbindung stehen. Ein Großteil der Bereiche dieser Welt wurde infiltriert, in denen Manipulation; Unterdrückung und Schaden an der Menschheit verübt wird. Es ist ein Netzwerk an kriminellen Wesen, die bei weitem nicht das Wohl der Menschheit im Sinn haben.

Das Spinnennetz ist groß und ein Begriff, der für die diese Organisationen gewählt werden kann, ist „der Tiefenstaat" - eine Schattenregierung, die im Verborgenen handelt. Sie kontrollieren unter anderem die Massenmedien und stempeln somit jegliche Versuche ihrer Enthüllung als Verschwörung ab.

Doch ich sage euch, eine Lüge kommt früher oder später immer ans Licht, und die Zeit ist jetzt, dass diese Lügen aufgedeckt werden!

Nicht alle Menschen, verteilt in den soeben von mir genannten Institutionen, sind des Teufels Diener. Es gibt dort selbstverständlich auch gute und ehrenhafte Menschen. Menschen, die Tag und Nacht daran arbeiten, die Lügen des „Tiefenstaats" aufzudecken. Doch diese Menschen brauchen unsere Hilfe. Wenn wir uns weiter die Lügen gefallen lassen, dann sind unseren Helfern die Hände gebunden. Somit ist es unsere Aufgabe, die Wahrheit zu erkennen und „Nein" zu den Lügen zu sagen! Wir sind die Mehrheit und wir haben die Macht, zusammen, friedvoll, diesem Grauen ein Ende zu setzen!

Ich bin heute auf die Bühne gekommen, um euch die Augen zu öffnen, um euch Hoffnung zu machen und euch zu sagen, dass es andere, bessere Möglichkeiten gibt als jene auf Sklaverei basierte Systeme, welche den Menschen lange Zeit in Ketten gehalten haben. Außerdem möchte ich euch allen sagen, wie wundervoll ihr seid!

Lasst euch nicht durch den „Tiefenstaat" manipulieren! Lasst euch nicht eurer Kraft berauben! Wir sind stark - und zusammen als Einheit sind wir noch stärker! Fülle; Frieden und Freiheit sind unser Geburtsrecht!«

Ehrlich und aufrichtig verneigte ich mich, mit den Worten:

»Ich danke euch allen von ganzem Herzen fürs zuhören!«

Im nächsten Moment strömte aus Erzengel Michael eine blaue- sowie aus Lotus eine hellviolette Lichtwelle. Das Ganze dermaßen mächtig, dass ich das Gefühl hatte, sie würden den kompletten Planeten mit dieser Energie segnen. Ich wurde augenblicklich von einer unbeschreiblich starken Liebe und Kraft erfüllt. Doch nicht nur ich - der ganze Saal schien dies ebenso zu fühlen, auch wenn sie es wahrscheinlich nicht sehen konnten.

Jeder schaute sich mit von Tränen erfüllten Augen um. Zunächst ein wenig verwirrt, doch dann umarmten sich alle! Egal ob Mann oder Frau, jeder war zutiefst berührt und brachte die empfangene Energie zum Ausdruck. Manche schluchzten ganz laut. Andere hielten sich einfach nur lange in den Armen.

Ich war von der Situation überwältigt und auch mir liefen die Tränen hinunter. Plötzlich rannte Lotus zu mir auf die Bühne und umarmte mich so innig wie noch nie. Wir blickten in den Saal und konnten die Herzen aller Anwesenden leuchten sehen. Es war ihre Seele, die bei jedem in den verschiedensten Farben hervorkam!

Ich wusste nun, dass jeder die Wahrheit in meinen Worten spüren konnte. Sonnenklar erkannte ich, dass keine Erklärung mehr notwendig sei und zweifelsfrei konnte ich fühlen, dass sich jeder darüber bewusst geworden war, wie sehr wir unsere Macht in der Vergangenheit weggegeben haben, manipuliert im Glauben durch den Tiefenstaat - besser gesagt, manipuliert im Glauben durch die dunklen Kräfte. Doch in Wahrheit haben diese dunklen Kräfte keine Macht! Sie können lediglich manipulieren und nutzen so die Kraft anderer für ihre Zwecke.

Ich wusste, dass dies von nun an seine Kehrtwende nimmt.

Noch einmal sprach ich ins Mikrofon, mit den Worten:

»Lasst uns nun feiern!«

Der ganze Saal jubelte und ich sah, wie die Reporterin, ebenso mit Tränen erfüllt, in die Kamera sprach. Ich konnte nicht hören, was sie sagte, doch fühlen, dass sie aus ihrem Herzen die Worte der Wahrheit sprach.

Ein unerwartetes Fest nahm seinen Lauf. Trotz der schockierenden Wahrheiten verstand jeder der Anwesenden, dass wir die Kraft in uns tragen, dem Grauen ein Ende zu setzen. Diese Erkenntnis verankerte ein tiefes Empfinden der Hoffnung und Freiheit in ihren Herzen.

Nun wollte ich unbedingt mit Lotus allein sprechen. Was sie

dort zusammen mit Erzengel Michael vollbracht hat, war enorm machtvoll. Als ich den Gedanken äußerte, sagte sie sogleich:

»Komm, wir sprechen Draußen in Ruhe.«

Enthüllte Geheimnisse

Sie nahm meine Hand und ging voran. Leicht abseits des Geländes war eine riesige Eiche zu sehen.

»Wie wäre es hier Anandriel, gleich bei diesem wundervollen Wesen?«

»Hier ist es perfekt. Die Eiche ist mindestens 100 Jahre alt. Sie wird uns mit ihrer Energie zum großen Segen sein.«

Für eine Sekunde legte Lotus ihre Hände auf die Eiche. Dann sagte sie:

»Genau genommen 144 Jahre alt.«

Grinsend äußerte ich:

»Es ist doch immer wieder aufs Neue faszinierend...«

Lotus lächelte ganz bescheiden.

»Bevor du etwas sagst Anandriel, lass mich bitte anfangen.«

»Selbstverständlich.«

»Du erinnerst dich, als ich heute nach unserem herrlichen Frühstück für einen kleinen Spaziergang das Haus verließ?«

»Ja natürlich.«

»Dort habe ich etwas Außergewöhnliches erlebt. Wobei der Begriff außergewöhnlich doch lediglich etwas beschreibt, was außerhalb der bisherigen Gewohnheiten liegt - und mir ist nun immer wieder aufgefallen, dass die Gewohnheiten von uns oftmals Limitationen und selbstgesetzte Grenzen mit sich bringen. Was ich dort erlebt habe, wirkte real und frei von Grenzen. Mein Herz sagt mir, dass dies dort tatsächlich gewöhnlich ist.«

Ich musste schmunzeln. Ihre Gedankengänge verstand ich nur zu gut. Sie fuhr fort:

»Ich ging in den Wald, gleich gegenüber der langen Landstraße, und nach wenigen Minuten stieß ich auf einen riesigen Felsbrocken. Dieser stand vollkommen frei mitten im Wald und ich fragte mich, wie er dort hingekommen ist. Mehrfach umkreiste ich ihn, bestaunte die Konturen sowie die Kletterpflanzen, welche wohl über die Jahre an ihm hochgewachsen sind. Eine bestimmte Stelle erregte meine Aufmerksamkeit. Mit festem Blick schaute ich für mehrere Minuten dort hin, im Wissen, hier sei etwas zu finden.

Langsam glitt ich mit meiner Hand über den Felsen und schob die Kletterpflanzen beiseite. Eine sonderbare Gravur kam zum Vorschein, die mich an einen Phoenix erinnerte. Nachdem ich diesen Gedanken äußerte, öffnete sich mein Herzchakra. Eine kalte und doch zugleich wohlige Energie strömte von meinem Herzen zu den uns bekannten sieben Chakren und öffnete sie vollständig - in perfekter Balance und Harmonie. Ich wusste nun, was zu tun ist.

Mit meinen Händen formte ich einen Phoenix und legte sie auf die Stelle im Felsen. Plötzlich bewegten sich die Konturen und passten ihre Form an, sodass sie genau meine Hände abdeckten. Intuitiv drückte ich leicht in den Felsen. Ein Rot-Gelb-Orangenes Licht umrandete das Abbild des Phoenix. Ich ging einen Schritt zurück, und was dann geschah, brachte mich noch mehr ins Staunen.

Ein Teil des Felsbrockens verformte sich und gab langsam eine Treppe zu erkennen, die tief ins Erdreich führte. Ein mildes bernsteinfarbenes Licht erhellte den langen Weg.

Ich blickte kurz nach links, dann nach rechts und ging sogleich hinein. Nach wenigen Metern verschloss sich der Felsen wieder hinter mir. Ich wusste, dass alles in Ordnung ist. Ein tiefes Gefühl des Vertrauens breitete sich in mir aus. Zudem konnte man sich in der Präsenz dieses wundervollen Lichtes nur gut fühlen.

So folgte ich dem mysteriösen Pfad, der an gewissen Punkten eine Wende machte. Mal ging es nach links, dann wieder nach rechts, und manchmal einfach nur geradeaus - doch stets hinab, immer tiefer ins Erdreich.

Nach einer gefühlten Ewigkeit erreichte ich einen großen Raum. Augenblicklich hat es mir die Sprache verschlagen - die Architektur erinnerte mich ans alte Ägypten. Ehrlich gesagt hatte ich auch das Gefühl, ich sei in Ägypten. Hieroglyphen bedeckten Wände und Decken; große Säulen ragten mindestens fünfzehn Meter in die Höhe und überall standen Regale, gefüllt mit Schriftrollen und alten Tafeln.

»Wie ist das möglich? Wir sind doch in Deutschland, an der Grenze zu Österreich«, dachte ich mir verwundert. Sofort antwortete mir eine weibliche Stimme:

»Wir sind in Ägypten.«

Du kannst dir vielleicht meine Reaktion vorstellen Anandriel, als plötzlich aus dem Unsichtbaren eine Stimme zu mir sprach. Mit weit geöffneten Augen fragte ich:

»Wer bist du und wo bist du?«

»Hier mein Kind.«

Gleich nachdem sie ihren Satz äußerte, manifestierte sich direkt vor mir eine weibliche Gestalt, deren Antlitz ich zunächst kaum fassen konnte. Sie bemerkte mein Staunen und lächelte. Dann sagte sie:

»Mein Name ist Xeliris.«

Vor mir stand ein circa zwei Meter großes Wesen, halb Mensch; halb Phoenix, von beinahe unvorstellbarer Schönheit! Sie trug eng anliegende ägyptische Kleidung, ähnlich jenen Darstellungen der ägyptischen Göttinnen. Vom Fuß bis zum Hals glich fast alles einem Menschen von perfektem Körperbau. Ab der Mitte des Halses wechselte das Bild des Menschen zu dem eines Phoenix. Ihr gesamter Kopf strahlte im Angesicht dieses prächtigen Feuervogels - schöner als jegliche Illustrationen dieser Welt! Sie hatte rubinrote; bernsteinorangene und sonnengelbe Augen. Es wirkte, als würden sie brennen.

Ich war so sehr von ihrem Kopf fasziniert, dass ich zunächst gar nicht bemerkte, was sich auf ihrem Rücken bewegte. Dann sah ich ihre Flügel. Gleich im nächsten Moment streckte sie diese weit empor.

Gott... Anandriel... Das hättest du sehen müssen! Ihre Spannweite betrug mindestens zehn Meter! Ich sagte zu ihr:

»Ich habe so viele Fragen Xeliris, doch bitte enthülle mir zunächst, wie ist es möglich, dass wir in Ägypten sind?«

»Mein Kind, du bist soeben durch ein Portal geschritten. Ein sehr altes Portal, doch es funktioniert noch wie am ersten Tag der Erbauung!

Ich habe dich heute gerufen. Zu meiner großen Freude hast du meine sanfte Stimme empfangen und das Rätsel entschlüsselt. Wir befinden uns gerade im Vorraum der großen Bibliothek. Darf ich dich hinein geleiten?«

»Ja natürlich«, gab ich leicht verwirrt zur Antwort. »Doch Xeliris, bitte sage mir, welche Bibliothek genau?«

»Komm, gleich siehst du es«, sagte sie vielversprechend.

Wir gingen weiter entlang der Regale, bis wir zu einem mächtigen Tor gelangten. Es maß mindestens vier Meter in der Breite und acht Meter in der Höhe, gefertigt aus purem Gold. In der Mitte war eine große Sonne abgebildet, dessen Strahlen durch die gesamte Fläche ragten. Ohne dass sie es berührte, schwang das Tor plötzlich auf.

»Das, mein Kind, ist die große Bibliothek von Alexandria.«

Ich konnte kaum fassen, was ich dort sah. Die Größe ließ sich mir unmöglich bestimmen, da das Ende einfach nicht in Sicht war! Lediglich die Höhe schätzte ich auf weit über 1000 Meter! Der Boden bestand aus einer einzigen Fläche eines mir unbekannten Kristalls - weiß, teilweise durchsichtig und mit feinen goldenen Adern durchzogen. Unzählige Regale, gefüllt mit Schriftrollen; Tafeln und Artefakten aller Art ragten weit in die Höhe. Gigantische Leitern führten hinauf und bewegten sich scheinbar von allein.

Ich dachte mir, dass es lange dauern könnte, auf ihnen emporzusteigen, je nachdem wo sich das entsprechende Manuskript befindet. So erschien es mir doch als praktisch, Flügel zu haben. Xeliris bemerkte meinen Gedanken und lachte herzlichst.

Ich sah verschiedenste mir unbekannte Wesen, doch einige ähnelten jenen von den bekannten ägyptischen Hieroglyphen. Manche hatten einen Löwenkopf, andere vogelartige Merkmale. Alle von beinahe unbeschreiblicher Schönheit!

Plötzlich teleportierte sich ein Löwenwesen zu einer gewissen Stelle auf der Leiter und vermied so den mühsamen Aufstieg. Zudem Griff er nicht nach den Schriftrollen, sondern zog sie durch eine unsichtbare Kraft in seine Hände.

Andere Wesen glitten einfach durch den Raum und bedienten sich im Flug. Sie hingegen griffen nach dem entsprechenden Manuskript. Ich dachte mir, dass ihre Reaktionen hervorragend sein müssen, um in dieser hohen Geschwindigkeit präzise nach etwas zu greifen. Xeliris schien meinen Gedanken erfasst zu haben, lächelte wieder und fragte mich sogleich:

»Darf ich dich ein wenig herumführen?«

»Bitte, ja, gerne!«, äußerte ich.

»Dann steig auf!«, sagte sie.

»Wie genau meinst du das?«, fragte ich verwundert.

»Auf meinen Rücken, mein Liebes. Aus den Lüften lässt sich

die Bibliothek deutlich besser überblicken.«

Xeliris bemerkte meinen Gesichtsausdruck und fügte hinzu:

»Sorge dich nicht. Niemals würde ich dich fallen lassen! Meine Energie drückt dich fest und zugleich angenehm an mich, wenn ich es wünsche. Kein Sattel der Welt kann diese Sicherheit gewährleisten.«

Kurz blickte ich umher, dann sagte ich:

»Himmel Xeliris - ist es wahr, was nun erscheint jeden Moment zu geschehen?«

»Nun komm mein Liebes.«

Sie bückte sich und ich stieg auf ihre Schultern. Bevor wir losflogen, musste ich einfach ihre Flügel berühren. Anandriel, ich kann dir sagen, so etwas Glattes habe ich noch nie zu Händen bekommen!

Mit einem kräftigen Flügelschlag schoss sie nach oben und neigte nach kurzer Zeit ihren Körper waagerecht, sodass ich auf ihren Rücken glitt. Genau wie sie es beschrieb - eine Energie drückte mich fest an ihren Körper und hielt mich stets im perfekten Gleichgewicht.

Langsam flog sie durch die Bibliothek, sodass ich alles in Ruhe beäugen konnte. Man kann das Ausmaß definitiv mit einer Stadt vergleichen. Eine unvorstellbare Fülle an Wissen wurde hier sicher bewahrt. Die verschiedensten hochentwickelten Wesen bereicherten sich an diesem Wissen, um es einzig und allein für den Aufbau zu verwenden.

Je länger wir umherflogen, desto mehr faszinierte mich die Reinheit. Nirgends erblickte ich ein Staubkorn. Xeliris erklärte mir dazu:

»Diese Bibliothek wird durch die Präsenz der aufgestiegenen Meister ewig rein gehalten. Sie steht unter ihrem Schutz. Niemals könnte Unvollkommenheit eindringen.

Licht lässt sich durch Gedanken; Worte und Gefühle bewusst lenken und verstärken. Jeder der hier Anwesenden ist sich dieser Weisheit gewahr und nutzt sie, gemäß dem individuellen

Belieben, für eine aufbauende oder reinigende Tätigkeit.«

Sie flog zu einer bestimmten Stelle und entnahm eine Schriftrolle. Gleich danach ließ sie sich kopfüber nach hinten fallen, wechselte zum Sturzflug und machte ganz knapp vor dem Boden eine große Wende, steil nach oben.

»Wuuuuuuuuuuuhuuuuuu!«, sprudelte es aus meinem Munde.

Xeliris drehte noch ein paar Pirouetten, gefolgt von Loopings und akrobatischen Manövern. Danach setzte sie zur Landung an und flog auf einen freien Tisch zu.

»Das war fantastisch!«, rief ich energiegeladen aus.

»Ich dachte mir schon, dass es dir gefallen würde.« Sie gab mir eine mütterliche, ganz liebevolle Umarmung und umschloss mich dabei vollkommen mit ihren prächtigen Flügeln. Dann sprach sie:

»Lotus, diese Schriftrolle dient deiner heutigen Belehrung. Lies sie aufmerksam und gründlich! Du wirst das Wissen heute benötigen. Sobald du fertig bist, sende mir einen Gedanken zu und ich werde sogleich erscheinen.«

Sie hatte kaum ihren letzten Satz ausgesprochen, schon sauste sie davon. Ich machte mich unverzüglich an die Arbeit.

Ausführlich wurde beschrieben, wie man eine beliebig große Fläche in eine Schutzkuppel einhüllt. Diese Schutzkuppel besteht vollkommen aus Licht. Alles innerhalb der Kuppel wird von göttlicher Liebe erfüllt. Kein negativer Gedanke; kein negatives Wesen oder sonst irgendeine Form der Unvollkommenheit vermag einzudringen. Besonders hervorgehoben wurde der Vermerk, dass es Willenskraft; Fokus und Ausdauer erfordert, um sie aufrecht zu erhalten.

Mehrere Male las ich die detaillierte Beschreibung und sandte nach einer Weile den Gedanken zu Xeliris. Wie angekündigt manifestierte sie sich direkt vor mir.

»Ich bin bereit Xeliris«, wiederholte ich nochmals in Worten.

Sie bückte sich, ich stieg sogleich auf und wir flogen zurück zum Vorraum der Bibliothek. Ständig blickte ich umher und dachte mir, wie schön es doch hier ist. Gerne wäre ich länger geblieben. Ewigkeiten hätte ich mit dem Studieren dieses kostbaren Wissens verbringen können. Wieder bemerkte Xeliris meine Gedanken und sagte:

»Mein Liebes, schon bald kannst du wieder kommen und solange bleiben, wie es dir beliebt. Doch vorab habt ihr zwei eine wichtige Aufgabe zu erfüllen!«

Es wunderte mich keineswegs Anandriel, dass sie von dir wusste. Aus einer tiefen Emotion heraus fragte ich sie:

»Xeliris, darf ich dich noch einmal kräftig drücken? Ich bin dir für die heutigen Erlebnisse und das Privileg hier sein zu dürfen, unermesslich dankbar!«

»Mein Kind - Ich liebe dich so sehr! Schon bald sehen wir uns wieder.« Wir umarmten uns innig, als wären wir Familie.

Anschließend machte ich mich entlang der tausend Treppen auf den Rückweg, erleuchtet durch das bernsteinfarbene Licht. An der letzten Stufe angekommen, öffnete sich sogleich der Felsen und schon stand ich wieder im Wald. Meine innere Stimme sagte mir, ich solle dir erst nach der Erfüllung unserer Aufgabe von diesem Erlebnis erzählen. Ich wusste, du seist selbst mit etwas Wichtigem beschäftigt und so wollte ich dich keineswegs ablenken. Als du auf die Bühne gingst, wusste ich, dass die Zeit gekommen war, die Schutzkuppel zu errichten. Intuitiv rief ich nach meinen Schutzengeln und bat sie innig um Hilfe. Sogleich spürte ich eine ganze Schar an Lichtwesen, doch einer leitete das Ganze und machte sich mir sichtbar.«

Synchron sagten wir beide:

»Erzengel Michael.«

»Ja genau Lotus, ich sah ihn auch in seiner mächtigen Gestalt mit gigantischen Flügeln und einer strahlend blauen Energie.«

»Es bedarf einer gewissen Vibration, um ihn zu sehen, deswegen konnten wahrscheinlich nur wir beide seine Gestalt wahrnehmen. Doch seine Präsenz konnten sicherlich alle fühlen, wenn auch unwissend darüber, was oder wer dies ist«, sagte Lotus.

»Nicht nur seine Präsenz. Deine Energie verteilte sich ebenso im ganzen Raum, verschmolz mit seinem Licht und sorgte für die perfekte Harmonie zwischen dem göttlichen Männlichen und göttlichen Weiblichen.«

Lotus lächelte wieder ganz bescheiden. »Ich spüre eine innige Verbindung zu meinem Gott-Selbst. Es war, als würde mein vollkommenes-Selbst, mein Christus-Selbst direkt durch mich wirken. Worte können unmöglich beschreiben, wie sich dies anfühlt.

Zum Abschluss des Vortrags sandten alle versammelten Lichtwesen - und glaube mir Anandriel, es waren tausende - eine mächtige Welle an göttlicher Liebe aus, die den ganzen Planeten durchströmte. Jedes Wesen, dass sich in diesem Moment irgendwo auf der Erde befand, wurde von dieser Liebeswelle erfasst.«

»Das habe ich deutlich gespürt!« Ich blickte kurz nach oben. »Himmel Lotus... Wir haben heute einen großen Dienst für die Menschheit erbracht. Jeder von uns durch seine individuelle Aufgabe, die nur kombiniert, in Einheit, ihre volle Wirkung entfalten konnte!«

»Das hast du schön gesagt. Was heute geschah, ist wahrlich Gottes Segen!«

Für eine Weile saßen wir einfach nur dort, in aller Stille, unterhalb der alten Eiche und genossen den Duft der Freiheit.

Eine sonderbare Eskorte

Ein mächtiges Geräusch, als würde der Himmel beben, ließ uns ruckartig aufstehen. Wir schauten hinauf und sahen eine riesige oval geformte Wolke. Im nächsten Moment vernahm ich eine klare Stimme in meinem Kopf:

»Wenn ihr es wünscht, so kommt gerne an Board, wie ihr so schön zu sagen pflegt.«

Lotus schaute mich mit großen Augen an und fragte:

»Hast du das auch gehört? Eine klare Stimme sprach zu mir und vermittelte zugleich ein sehr vertrautes Gefühl...«

»Ja, genau - kristallklar, als wäre er gleich hier vor uns...«

Wir nahmen uns an der Hand und sprachen synchron:

»Ja, wir wünschen an Board zu kommen.«

Sofort umhüllte uns ein helles blaues Licht. Es war mühsam zu erkennen, was mit uns passierte - alles geschah so schnell. Doch ich konnte fühlen, dass wir dabei waren, den Raum zu wechseln.

Langsam verblasste die Strahlung und was wir dann sahen, versetzte uns ins tiefe Staunen - wir befanden uns auf einem Raumschiff!

Nirgends waren Schrauben, Nischen oder Abtrennungen zu finden. Jegliche Objekte schienen aus einem Stück gefertigt zu sein und wechselten teilweise Form und Farbe.

Besonders beeindruckend waren die Wände. Von allen Seiten ließ sich nach draußen blicken, doch nicht durch gewöhnliche Fenster. Es war eine durchgezogene Fläche aus einem mir unbekannten, völlig durchsichtigen Material. So klar, dass man beinahe das Gefühl hatte, man könnte hindurch springen, direkt in die Wolken.

An der Front des Raumschiffes befanden sich äußerst sonderbare Bedienfelder. Sie enthielten keine physischen Bildschirme, sondern Hologramme. Zudem sah ich keine Tastatur oder sonst irgendwelche Knöpfe. Es wirkte anders - weitaus fortschrittlicher! So vermutete ich, dass die Hologramme mit dem Geist bedient werden und sich so gewisse Prozesse einleiten lassen.

Auf einmal lachte ein großer Mann ganz herzlich. Wir haben ihn beinahe übersehen, bei all den faszinierenden Gegebenheiten.

»Herzlich Willkommen. Ihr befindet euch auf meinem bescheidenen Schiff.

Ich muss schon sagen, mein lieber Anandriel, deine Intuition ist hervorragend. In der Tat, wir steuern die Prozesse dieses Raumschiffes mit unseren Gedanken. Die Technik stellt eine Hilfe dar, doch steht keineswegs über der Intelligenz des eigenen Wesens. Wir nutzen die innere Kraft, um damit zu arbeiten, sie zu lenken und nach Belieben zu verändern.

Was das äußere Erscheinungsbild des Raumschiffes anbelangt: Die ovale Wolke ist natürlich nicht seine eigentliche Form. Es handelt sich hierbei lediglich um eine Tarnvorrichtung, die gerne gewählt wird, wenn wir von einer höheren Dimension in die eure kommen. Es ist uns selbstverständlich auch möglich, ohne dieses Modell der Wolke unsichtbar für euch im Himmel oder Weltall zu fliegen.«

Er vernahm meine Gedanken und antwortete:

»Ja Anandriel, auch im Wasser und selbst durch Berge und Gebäude können wir fliegen. All dies, ohne etwas zu beschädigen! Die Dichte scheinbar fester Materie ist für uns kein Hindernis.«

Wir blickten ihn für mehrere Sekunden sprachlos an. Dann sagte er:

»Ich habe mich noch gar nicht vorgestellt. Mein Name lautet Neliem.«

Ein stattlicher Mann, bartlos, mit langen blonden Haaren und stahlblauen Augen. Er trug einen blauen enganliegenden Raumanzug ohne Helm. Das Material war bemerkenswert - äußerst fein und doch wirkte es sehr stabil.

Wieder vernahm er meine Gedanken und antwortete:

»Das ist es auch Anandriel. Dieses Material ist mit keinem Stoff eurer Welt zu vergleichen. Dünn wie eine Hautschicht und zugleich schützend wie der härteste Stahl.

Ich komme übrigens von den Plejaden - ein Katzensprung entfernt, wie ihr so schön sagt. In Anbetracht eurer Zeitlinie kommen wir von weit aus der Zukunft und sind so gesehen eure großen Brüder und Schwestern. Wir reisen problemlos durch Zeit und Raum, wir ihr tagtäglich mit Bus und Bahn durch die Straßen eurer Städte.«

Er legte eine kurze Pause ein, wissend wir müssen dies erst einmal verarbeiten. Dann fügte er hinzu:

»Viele, sehr viele Lichtwesen sind aus den verschiedensten

Universen und Dimensionen hergekommen, um den Planeten Erde sowie das gesamte Universum, in dem wir uns gerade befinden, von den dunklen Kräften zu befreien.

Seid ihr bereit zum großen Mutterschiff zu fliegen?«

»Mutterschiff?«, fragte Lotus verwundert.

»Ja liebe Lotus. Es heißt „Talia“ und befindet sich gleich über der Erde, lediglich getarnt für die meisten.«

»Talia? Der Name kommt mir bekannt vor...«, murmelte ich vor mich hin. Neliem lächelte und sagte:

»Ihr werdet bereits erwartet.«

Wir setzten uns in zwei eiförmige Sessel und flogen sogleich mit einer beachtlichen Geschwindigkeit los. Durch eine Technologie war diese Geschwindigkeit kaum zu spüren, lediglich durch den 360-Grad Blick nach Außen deutlich zu sehen. Leise sagte Lotus zu mir:

»Anandriel... Passiert das gerade wirklich?!«

»Ich weiß Lotus, ich weiß... Es ist mal wieder mit Worten kaum zu beschreiben - wir fliegen ins All!«

Das Mutterschiff Talia

Lotus nahm meine Hand und zusammen bestaunten wir die Aussicht. Nach wenigen Sekunden durchschritten wir die Erdatmosphäre und befanden uns im Weltraum. Milliarden Sterne leuchteten von allen Seiten, während man in den unendlichen Raum blickte.

Unsere Erde ist so schön - ein Paradies! Keine Satellitenaufnahmen, die uns bisher zugänglich waren, konnten diese Schönheit darstellen. Zumal hier deutlich mehr zu sehen war, als diese Bilder anzeigen... doch rund ist sie auf jeden Fall!

»Nun erhöhen wir unsere Schwingung«, sagte Neliem, während er das holographische Bedienfeld mit seinen Gedanken veränderte.

Ich spürte alles intensiviert und war einfach nur glücklich, von purer Liebe erfüllt. Es fühlte sich mehr nach mir selbst an - wie ein Teil, den ich lange gesucht hatte. Auch Lotus vernahm dies. Zudem hatte sich unsere Sicht deutlich verändert. Wir sahen nun stark gesättigte Farben, überall geometrische Formen und verschiedenste Energieströme durch den unendlichen Raum zirkulieren.

Dann erblickten wir es. Millionen Lichtschiffe waren um die Erde versammelt und eins war gigantisch - einfach nur gigantisch! Es hatte die Größe mehrerer Kontinente!

Mächtige Energiewellen strömten von diesen Raumschiffen zur Erde. Dazu erkläre Neliem:

»Dies ist Energie in hohen Vibrationen, die wir zur Erde senden, um die planetare Schwingung zu erhöhen. Das geschieht behutsam, Stück für Stück. Man kann es auch „das Licht der Wahrheit" nennen, da alles zum Vorschein kommt und zugleich verstärkt wahrgenommen wird - sowohl das Positive als auch das Negative. Dies ist von Bedarf, damit all die Negativität erkannt wird, um sie schließlich zu heilen.

Wir alle erleben und beobachten einen planetaren Aufstieg, wie es ihn in der Geschichte dieses Universums noch nicht gegeben hat. Unzählige Wesen aus diesem Universum und anderen Universen sind versammelt und helfen unermüdlich, um Zeuge dessen zu werden.

Wir leben hier in Harmonie und Frieden sowie in der Fülle und dem Reichtum Gottes. All dies ist auch euer Geburtsrecht und wir sind dabei, zusammen mit euch, den Lichtarbeitern, diesen Zustand der Vollkommenheit für den ganzen Planeten zu manifestieren.

Es ist von höchster Wichtigkeit, dass die Masse der Erdbevölkerung die Wahrheit erkennt, und aufhört, die Lügen der dunklen Kräfte zu glauben. Diese positive Kehrtwende nahm soeben durch euren Vortrag ihren Lauf. Was ihr zwei heute geschafft habt, kann mit dem Fallen des ersten Dominosteins verglichen werden. Alle weiteren Steine folgen nun im beachtlichen Tempo.

Jemand, den ihr sehr gut kennt, möchte euch gerne auf dem Mutterschiff „Talia" empfangen. Sobald ihr bereit seid, kann ich mit der Teleportation beginnen.«

Fragend schauten wir uns an… kamen der Antwort nicht näher… und sagten schließlich synchron:

»Wir sind bereit.«

Wieder umhüllte uns ein helles blaues Licht, doch diesmal wirkte der Prozess intensiver. Wir konnten fühlen, wie es die Atome unseres Körpers bewegt und uns zu einer anderen Stelle teleportiert.

Nach einem kurzen Moment verblasste das Licht. Wir konnten kaum fassen, was unsere Augen erblickten - ein Raum, in der Größe von ganzen Bergregionen! Wände, Böden und Decken bewegten sich ständig. Alles barg Leben in sich! Es schien, als wäre es aus Licht und Bewusstsein geformt.

»So ist es!«, hallte eine mächtige männliche Stimme durch den Raum - zu sehen war niemand.

»Schaut euch gerne weiter um. Sobald ihr bereit seid, stelle ich mich vor«, ertönte es erneut.

Ohne weiter nachzufragen, folgten wir seinen Worten und bestaunten das Innenleben.

Wieder konnte man durch alle für uns ersichtlichen Seiten ins unendliche Weltall blicken. Ich berührte eine Stelle der Wand und plötzlich fand eine Interaktion statt, fühlend als wäre es ein lebendes Wesen. Eine Energie floss von meiner Hand zur Wand und erzeugte eine große Fläche, strukturiert aus einem kräftigen violetten Licht. So dachte ich, ohne genau zu wissen warum, an meinen Flügel und sogleich formte sich aus der violetten Fläche ein ätherischer Flügel. Lotus bemerkte mein Schaffen und rief erstaunt:

»Wow, Anandriel... Wie hast du das gemacht?!«

»Ich weiß auch nicht so recht... Ich habe einfach diese Wand berührt und dachte dabei an meinen Flügel. Versuch du es doch auch mal, wenn du magst. Denk einfach an etwas, dass du liebst.«

Langsam legte Lotus ihre Hand auf die Wand und sofort erzeugte sie eine große Fläche, strukturiert aus einem herrlichen hell-violetten Licht. Im nächsten Moment formte sich eine riesige ätherische Violine, die exakt so aussah wie ihre. Sie glitt zusammen mit dem Flügel aus der Wand. Beide Instrumente schwebten vor uns und begannen von allein zu spielen. Wundervolle Melodien erfüllten den Raum und wieder sprach die mächtige Stimme, mit den Worten:

»Dies, liebe Lotus und lieber Anandriel, ist Musik direkt aus eurer Seele.«

Für ein paar Sekunden verweilte Lotus im Stillen. Dann begann das Stück „Where do i begin? - Love-Story" komponiert von Francis Lai, mit Worten bereichert von Carl Sigman und gesungen von Andy Williams, in den höchsten und schönsten Tönen zu spielen. Farben und Formen füllten die Luft, während uns eine liebevolle Atmosphäre umhüllte. Wir nahmen uns an der Hand und tanzten zu der Musik. Jede Körperbewegung, jeder Muskel, einfach jedes Gefühl war deutlich intensiviert wahrzunehmen. Froh und munter liefen wir umher. Es gab noch so viel zu entdecken.

Ich bemerkte, dass jede noch so winzige Ecke in Vollkommenheit strahlte und eine ganz eigene Faszination in sich barg. Es wirkte, als wäre alles genauestens platziert und bis ins kleinste Detail durchdacht. Der Architekt dieser heiligen Hallen brachte wahrlich Perfektion zum Ausdruck. Unvergleichliche Kunst beglückt das Gemüt eines jeden Betrachters und bietet dem Verstand gänzlich neue Möglichkeiten im Angesicht der grenzenlosen Kreativität Gottes, die hier meisterhaft verankert wurde.

In absoluter Heiterkeit gingen wir vorbei an höchst fortschrittlichen Gebäuden, weiter über gigantische goldene Brücken und entlang mit Diamanten verzierten Wegen. Plötzlich erblickte ich aus der Ferne eine riesige schwebende Kugel.

Ich sehe dich - Fortschrittlichste Technologie

Je näher wir dem Objekt kamen, desto deutlicher ließ sich eine Konstruktion der Erde erkennen. Diese war so detailliert dargestellt, dass ich das Gefühl hatte, sie schwebt tatsächlich vor uns, nur etwas kleiner. Wobei ich sagen muss, das Konstrukt, was vor uns schwebte, war keineswegs klein, lediglich in Relation zur wirklichen Erde. Ich schätze den Radius auf weit über 100 Meter!

Wir fragten uns, wofür dies gedacht ist und sofort hallte die männliche Stimme durch den Raum:

»Ich zeige es euch, meine Lieben. Fokussiert euch auf einen Ort eurer Wahl, ganz gleich ob ein großes Areal oder eine kleine Stelle in den Städten.«

Kurz überlegten wir. Dann fragte mich Lotus:

»Wie wäre es mit Süd-Afrika?«

»Klingt super!«, antwortete ich.

Im Bruchteil einer Sekunde formte sich die Erdkugel vor uns

neu, weitete sich aus und füllte den Raum hunderte Meter in alle Richtungen mit dem Terrain von Süd-Afrika. Wir hatten das Gefühl, tatsächlich dort zu sein!

»Schau Anandriel, da hinten sind Löwen!«, rief Lotus völlig erstaunt.

Als sie dies äußerte, glitt die Sicht in einer enormen Geschwindigkeit direkt zu den Löwen und wir befanden uns gleich neben ihnen! Die männliche Stimme sprach wieder:

»Sie können euch nicht sehen. Wie ihr jedoch seht, können wir mit dieser Technologie alle Bereiche auf der Erde nach Belieben beobachten. Die Entfernung sowie Wände; Berge oder Wasser stellen kein Hindernis dar.«

»Ich würde gerne etwas ausprobieren«, sagte Lotus vielversprechend.

Sie hielt einen Moment inne. Dann formte sich die Umgebung zu einer mächtigen Bergregion. Wir befanden uns nun auf der Spitze des Mount Everest im Himalaya-Gebirge, doch ohne auch nur das geringste Gefühl von Kälte zu spüren. Die Geräusche hingegen waren deutlich zu hören und es machte den Anschein, als würde der Wind direkt durch uns sausen. An Faszination kaum zu übertreffen.

Wir experimentierten noch eine ganze Weile mit dieser Technologie und beobachteten die verschiedensten Stellen auf der Erdoberfläche sowie hochinteressante Bereiche innerhalb der Erde. Wie ein Käse ist sie durchlöchert und birgt eine fast schon unvorstellbare Fülle an Höhlensystemen in sich. Je nachdem, wo man sich befindet, sind die exotischsten Tiere zu sehen - teilweise riesig, umgeben von einem tropischen Naturparadies. Wiederum an anderen Stellen kann man ganze Zivilisationen fortschrittlicher Wesen finden, die dem Menschen sehr ähnlich sind, jedoch schöner; reiner und deutlich höher entwickelt.

So beeindruckend und bereichernd dies auch alles war, nun wollten Lotus und ich aber wirklich wissen, wer der Mann mit der mächtigen Stimme ist.

Ein mächtiger aufgestiegener Meister

Kaum gedacht, schon erschien vor uns eine riesige hell leuchtende blaue Sphäre, geladen mit Blitzen. Langsam verblasste sie und ein großer Mann von schätzungsweise 2.20 Meter gab sich zu erkennen. Muskulös gebaut und mit wunderschönen Gesichtszügen, stand er dort lächelnd. Diesen Blick werde ich niemals vergessen. Er hatte azurblaue Augen, hell leuchtend und geladen mit Kraft. Es war, als könnte ich Gottes Wille durch seine Augen spüren.

Sein Haar, einfach nur prächtig. Goldglänzend hing es ihm bis weit über die Brust. Er trug einen blauen Raumanzug, ähnlich wie der von Neliem, jedoch zusätzlich mit zahlreichen goldenen Verzierungen bestückt.

Sein Körper erschien teils in fester Materie wie unsere, und teils geformt aus Licht, sodass wir seine Energie durch ihn fließen sahen. Der Raumanzug passte sich der jeweiligen Dichte an.

Für eine Weile schauten wir einfach nur zu ihm - überwältigt von dem Anblick und verharrt in tiefer Faszination. Dann fragte Lotus plötzlich:

»Darf ich dich umarmen? Ich weiß auch nicht so recht woher dieser Wunsch kommt, doch möchte ihn gerne ehrlich äußern.«

»Ehrlich gesagt spüre ich den gleichen Drang«, fügte ich hinzu.

Sogleich öffnete er seine Arme, so weit, als würde er das ganze Universum umarmen, und sagte:

»Meine lieben Kinder - natürlich dürft ihr!«

Wir fielen ihm förmlich in die Arme und hielten uns alle ganz fest. Tränen flossen uns ununterbrochen die Wangen hinunter. Er fühlte sich einfach so vertraut an - wie Familie, die wir lediglich vergessen hatten. Sofort vernahm er meinen Gedanken und sagte dazu:

»Ja wir kennen uns. Ich bin Lord Lyra, einer der aufgestiegenen Meister. Zusammen mit dem hohen Rat leite ich die planetare Befreiung des Planeten Erde.«

Lotus und ich schauten ihn einfach nur mit großen Augen an.

»Welch eine Ehre«, dachte ich mir leise.

»Welch eine Ehre, euch zwei heute hier zu haben«, antwortete er. »Ihr Lieben, seit euch stets bewusst, in eurem Herzen wohnt die gleiche Kraft wie in meinem Herzen. Wir sind alle ein Teil des einen unendlichen Schöpfers. Eine große Familie. Wir sind Gott! Ich bin euer großer Bruder und blicke keineswegs auf euch hinab. Ich habe lediglich mehr Erfahrung und eine höhere Entwicklungsstufe, doch wir stehen einheitlich nebeneinander als eine Familie.

Es war mein Wunsch, euch heute persönlich zu gratulieren und ich bin froh, dass ihr meine Einladung angenommen habt. Euer heutiges Schaffen erreichte Millionen Herzen zu gleicher Zeit. Dies löste eine Kettenreaktion aus. Die Ereignisse, welche in den nächsten Wochen folgen werden, sind, wie ihr so schön und gerne sagt, gigantisch. Das große Erwachen erreicht nun seinen Höhepunkt! Die Masse der Erdbevölkerung erkennt und fühlt die Wahrheit, die nun im Kollektivbewusstsein verankert ist. Sämtliche Lügen jener machtorientierten und manipulierten Menschen kommen ans Licht - und genau diese Menschen, die über Jahre dem ganzen Planeten Schaden zugefügt haben, werden verhaftet!

Einige werden von uns vor Gericht gestellt und müssen ihr Urteil vom galaktischen Rat empfangen. Das negative Karma, das diese Menschen durch bewusste Zerstörung angesammelt haben, kann hunderte Inkarnationen erfordern, um es zu bereinigen. Was auch immer jemand aussendet, kommt auch wieder zu ihm oder zu ihr zurück.

Viele weitere dieser kranken Menschen werden von eurem Militär; eurer Polizei und euren Geheimdiensten verhaftet und müssen so ihr Urteil von euren Richtern empfangen.

All die unterdrückten Technologien, welche die globale Situation erheblich verbessern können, werden nun veröffentlicht und zum Wohle des Planeten sowie der Menschheit verwendet. Diese Technologien werden euch helfen zu heilen, doch dienen lediglich als Unterstützung. Frieden, Freiheit und Fülle kommt aus dem Herzen. So haltet stets eure Aufmerksamkeit dort und all die guten Dinge werden euch zuströmen und bleiben ewig erhalten.

Heute soll ein ganz besonderes Fest stattfinden, doch bis dahin bleibt noch etwas Zeit.«

Ich blickte zu Lotus und sie sogleich zu mir. Bevor wir ein Wort von unseren Lippen brachten, sagte Lord Lyra:

»Meine innig geliebten Kinder, ich entnehme euren Gedanken und Gefühlen eine tiefe Dankbarkeit - dies erfüllt mein Herz mit großer Freude. Ihr fragt euch zugleich, wofür ihr all das verdient habt. Lasst mir euch sagen, dass die mächtige Gotteskraft, die in uns allen wohnt, uns zusammen geführt hat. Diese irrt sich nie! Ihr seid genau dort, wo ihr nun zu sein habt, meine Lieben.«

»Ich weiß, du liest unsere Gedanken wie ein offenes Buch und somit bist du dir meiner folgenden Worte wahrscheinlich bereits bewusst, doch es ist mein Wunsch und ich denke auch Lotus Intention, mit diesen Worten unsere aufrichtige Dankbarkeit zu bekräftigen, Lord Lyra.«

»Dieses Privileg, das uns heute zuteil wurde, ist wahrlich eines der schönsten Erlebnisse in meiner Inkarnation und ich denke, hier spreche ich auch für Anandriel.«

Ohne zu zögern, liefen wir ihm erneut in die Arme. Es war einfach nur wundervoll. All diese herrlichen und herzerwärmenden Ereignisse, die an jenem Tag ihren Lauf nahmen, erhoben unser Bewusstsein in einem enormen Ausmaß empor.

Ein leiser Gedanke formte sich in meinem Kopf. Wieder bemerkte ihn Lord Lyra und äußerte sogleich:

»Natürlich dürft ihr dieses Mutterschiff erkunden. Hier gibt es viel zu entdecken und ich weiß ganz genau, wie sehr ihr Abenteuer liebt. Es bietet sich hinsichtlich der Größe an, ein kleines Raumschiff zu verwenden. Wie wäre es mit diesem hier?«

Er zeigte mit seiner rechten Hand zu einer Stelle gleich neben uns. Augenblicklich manifestierte sich ein kleines Raumschiff, in der Größe eines Wohnmobils. Genau zwei Sitze waren dort eingebaut.

»Wie für uns hergerichtet«, dachte ich mir.

»Es ist tatsächlich extra für euch hergerichtet«, antwortete Lord Lyra. »Das Manifestieren von Objekten ist für uns vollkommen normal. Dieses riesige Mutterschiff wurde ebenso durch einen fokussierten Gedanken erschaffen. Auch ihr sowie alle Menschen auf der Erde besitzen diese Fähigkeit. Ihr müsst euch lediglich erinnern. Zweifel verschließen die Tür, somit ist der feste Glaube an eure göttlichen Fähigkeiten ein entscheidender Schritt!

Nun steigt ein, ihr Lieben. Dieses Schiff führt euch, solange ihr es wünscht, durch die verschiedenen Ebenen des Mutterschiffs. Eine Karte kann jederzeit im Bedienfeld durch einen

Gedanken aufgerufen werden. Sie erweist sich als nützlich, wenn man zum ersten Mal hier ist, oder wie ihr, lediglich vergessen hat, wie es aussieht.

Wir sehen uns später beim Fest. Bis dahin, erfreut euch in der Liebe und dem Licht des einen unendlichen Schöpfers - Adieu!«

Die Ebenen des Mutterschiffs

Nachdem er seinen letzten Satz aussprach, verschwand er augenblicklich im gleichen blauen Licht, in dem er zuvor hergekommen war. So standen wir nun dort, neben einem Raumschiff, das extra für uns manifestiert wurde, um uns durch die gigantischen Ebenen des Mutterschiffs zu befördern.

»Bitte einsteigen«, sagte Lotus amüsiert, als wäre sie eine galaktische Flugkommandantin.

Die Sitze erwiesen sich als äußerst bequem. Wir analysierten die holographische Karte und bekamen einen Überblick über die verschiedenen Ebenen:

Ebene 1
Landung und Abflug von Raumschiffen aller Art.

Ebene 2
Medizinische sowie technische Einrichtungen und Forschungsebenen.

Ebene 3
Gästebehausung in einer enormen Vielfalt, angepasst an die Lebensbedingungen verschiedenster Wesen.

Ebene 4
Nahrungsmittelproduktion rein pflanzlicher Lebensmittel.

Ebene 5
Naturlandschaften mit Tieren aller Art, wohlgemerkt vollkommen friedlich, in einer höheren Entwicklungsstufe als jene Tiere unserer Erde.

Ebene 6
Bildungseinrichtungen wie zum Beispiel Universitäten und Bibliotheken.

Ebene 7
Wohnebene der Besatzung mit prachtvollen Häusern für jedes Wesen.

Ebene 8
Kommunikationsebene, angebunden an die Kommandozentrale. Weitgehend telepathischer Kontakt zu Raumschiffen und Stützpunkten der galaktischen Föderation des Lichts; Lichtarbeitern der Erde, sowie weiteren Wesen, die an der planetaren Befreiung beteiligt sind. Die Verbindung erstreckt sich vom inneren der Erde, mit den dortigen verschiedenen wohlwollenden hochentwickelten Zivilisationen, wie zum Beispiel die Bewohner Agarthas, bis hin zu komplett anderen Universen und Dimensionen.

Ebene 9
Kommandozentrale.

Ebene 10
Lord Lyras Hauptquartier sowie der Saal des hohen Rates.

Es sei angemerkt, dass jede Ebene ein riesiges Ausmaß hat, bis hin zu mehreren hundert Kilometern! Um die ganze Vielfalt mit allen Details zu erkunden, braucht man entweder mehrere Monate oder einen höheren Bewusstseinszustand, der es einem ermöglicht, an verschiedenen Orten zur gleichen Zeit zu sein. Ein Raumschiff wie unseres, bietet zwar eine schnellere Fortbewegung als mit den Autos oder Flugzeugen der Erde, dennoch gab es einfach so viel zu entdecken, dass es eine Weile dauern könnte, die Fülle gänzlich aufzunehmen. Darüber hinaus kann die Portaltechnologie hier von jedem Wesen nach Belieben benutzt werden. Sie ermöglicht ein sofortiges Eintreffen in dem jeweiligen Areal.

Manche Wesen benötigen überhaupt keine Gerätschaften, sondern teleportieren sich rein durch ihre Gedanken. Je weiter ein Individuum sein spirituelles Wachstum vorantreibt, desto unabhängiger ist es von äußeren Hilfsmitteln.

Man mache sich einmal bewusst, dass alles aus dem Geiste Gottes entspringt. Somit sind die hochentwickelten Technologien lediglich eine verzerrte Form seines vollkommenen Bewusstseins, indem zu jeder Zeit alles vorhanden ist. Sie bieten dem Wesen eine Hilfestellung, bis es wieder verinnerlicht hat, wie man sich mit diesem Bewusstsein verbindet und so alles aus der reinen Geisteskraft erschafft.

Zunächst steuerten wir die Ebene 2 an - die medizinischen sowie technischen Einrichtungen und Forschungsebenen. Mit jedem weiteren Teilbereich, den wir erkundeten, wurde mir mehr und mehr bewusst, dass der technologische Fortschritt auf dem

Mutterschiff den Menschen auf der Erde um Millionen Jahre voraus ist. Viele dieser Entwicklungen werden uns nach und nach zur Verfügung gestellt.

Es wurde bereits vermehrt versucht, einige dieser Technologien auf der Erde zu integrieren, doch der Tiefenstaat unterdrückte sie bislang. Nun, da jene machtorientierten und manipulierten Menschen der Schattenregierung verhaftet werden und dadurch ihre kranken Machenschaften wie ein Kartenhaus in sich zusammenfallen, können die Erfindungen endlich veröffentlicht werden.

Besonders faszinierend fand ich jene medizinischen Technologien, die beschädigtes Körpergewebe oder gar ganze Körperteile in Sekunden nachwachsen lassen. Sie sind völlig nebenwirkungsfrei und versprechen wahrlich Heilung.

Ebenso erstaunlich waren die sogenannten „Materialisierer" - Gerätschaften in den verschiedensten Größen, oftmals die eines Kaffeeautomaten. Sie materialisieren für den Benutzer, was auch immer ihm beliebt - ganz gleich ob Kleidung; Nahrungsmittel oder Materialien. All dies wird binnen Sekunden erschaffen.

Auch diese Technologie wird der Menschheit zur Verfügung gestellt, betrieben durch freie Energie, sodass sich diese Gerätschaften überall, unabhängig von einem externen Generator aufstellen lassen.

Man stelle sich einmal die glücklichen Gesichter jener Menschen vor, die über Jahre an Hunger litten. Diese Knappheit nimmt unter anderem damit ihr Ende und die Fülle Gottes wird sich gänzlich auf dem ganzen Planeten ausbreiten. Jeder wird alles haben was Er oder Sie sich wünscht.

Dies ist tatsächlich normal! Knappheit; Hunger und Leid ist nicht normal! Der Mensch hat lediglich vergessen, was normal ist und einen Zustand der Unvollkommenheit als seine Wirklichkeit akzeptiert. Doch wie Lord Lyra bereits sagte, dies nimmt von nun an seine Kehrtwende. Die Masse der Menschheit erkennt und fühlt endlich die Wahrheit, die sich im Kollektivbewusstsein verankert hat.

Ewigkeiten hätten wir in der zweiten Ebene verbringen können. Jedes Wesen, dem ich begegnete, teilte freudig und offen die jeweiligen Informationen zu den Gerätschaften und erklärte mir mittels der Telepathie, wie diese funktionieren. Bei all den verschiedenen Gesprächen fiel mir auf, dass niemand eine Brille trug oder sonst irgendwelche Beeinträchtigungen aufwies. Jeder erfreute sich an bester Gesundheit.

Dies ist ebenso normal! Krankheit ist nicht normal! All die Krankheiten der Erdbevölkerung werden mit ähnlichen Technologien wie jene auf dem Mutterschiff ein Ende finden. Der Mensch wird sich an bester Gesundheit erfreuen und kann so erleichtert sein spirituelles Wachstum vorantreiben - individuell, wie auch als Kollektiv.

Wir wollten gerade die Naturebene erforschen, da hallte plötzlich Lord Lyras mächtige Stimme in unserem Kopf:

»Meine Lieben - das Fest beginnt in einer halben Stunde. Kommt zum Eingang meines Quartiers. Dort empfangt ihr eure Kleidung.«

Fürstliche Feierlichkeiten

Wir machten uns sofort auf den Weg, wählten die Ebene 10 im holographischen Bedienungsfeld aus und erreichten nach wenigen Minuten unser Ziel. Das kleine Raumschiff landete am Fuße einer großen Plattform, wo Lord Lyra bereits auf uns wartete. Er empfing uns mit großer Freude, wie ein Vater, der seine Kinder begrüßt. Zusammen gingen wir in Richtung des Vorraums.

Allein der Weg zum Eingang erwies sich als ein Erlebnis für die Sinne. Pflanzen wuchsen in Sekunden unseren Pfad entlang und sonderten die feinsten und exotischsten Gerüche ab. Teils Vertraute, wie Rosen; Lavendel oder Jasmin, und teils vollkommen neue Gerüche, die wir dankend in unseren Zellen aufnahmen.

Beschwingt durch die himmlischen Düfte, schreiteten wir weiter voran, bis sich schließlich die Eingangstür zu erkennen gab. Sie bestand lediglich aus einer Lichtwand, die man durchschreiten musste, um in den Vorraum zu gelangen. Langsam berührte ich eine Stelle mit meinen Händen und glitt ohne Widerstand hindurch. Dann zog ich sie schnell wieder zurück und schaute Lord Lyra mit großer Faszination an. Er lachte vergnügt und ging sogleich hinein. Lotus und ich folgten ihm rasch.

Im Vorraum angekommen, bestaunten wir den sonderbaren Stil der Einrichtung. Eine Mischung aus Natur und fortschrittlichster Technik fand hier in perfekter Symbiose ihren Ausdruck. In meinem Kopf wiederholte ich mehrfach:

»Das ist genial! Darauf muss man erst mal kommen.«

Wie immer entnahm Lord Lyra meine Gedanken und sagte dazu:

»Je weiter sich das Bewusstsein eines Individuums ausdehnt, desto mehr Möglichkeiten können erfasst werden, um die unendliche Fülle Gottes zum Ausdruck zu bringen.«

»Ich liebe es deinen Worten zu lauschen«, sagte Lotus voller Freude. »Sie sind so einfach und doch machtvoll. Stets bergen sie eine wichtige Lehre in sich.«

»Mein Liebes - die Einfachheit ist ein großer Schlüssel zu den fortgeschrittenen Bewusstseinszuständen. Was kompliziert erscheint, kann durch einfache Methoden verstanden werden.

Je mehr ein Individuum die mächtige ICH BIN Präsenz in sich anerkennt und die Aufmerksamkeit dort hält, desto mehr kann das Individuum die Liebe, Weisheit und Kraft des einen unendlichen Schöpfers aufnehmen und dadurch Vollkommenheit im ganzen Kosmos zum Ausdruck bringen.

Doch nun, meine Lieben, ist es Zeit euch einzukleiden.«

Er hob seine rechte Hand und zeigte in Richtung eines Tisches. Dort erschienen augenblicklich zwei Kleidungsstücke von herausragender Qualität. Wir schlüpften sogleich hinein und stellten zu unserem Erstaunen fest, dass sie wie angegossen passten!

Lotus strahlte in einem wunderschönen Kleid, überwiegend mit hellen violetten Tönen und goldenen Verzierungen. Die

Art und Weise, wie das Kleid sich an manchen Stellen formte, machte den Anschein, als würde eine unsichtbare Kraft es dauerhaft in dieser Position halten.

Ich trug eine kräftig violette Tunika mit Umhang und ebenso feinen goldenen Verzierungen. Hinzu kamen wunderschöne Sandalen. Sie ragten beinahe bis zu den Knien und waren mit einem edlen Stoff geschnürt.

»Bitte streckt eure Hände aus«, sagte Lord Lyra.

Wir taten, worum er bat. Gleich darauf formte sich jeweils ein Ring in unseren Händen. Beide hatten das Abbild einer Lotusblume eingraviert - strahlend schön und aus dem reinsten Kristall erschaffen. Lotus ihrer leuchtete, passend zu ihrem Kleid, in einem hellen Violett. Meiner, passend zu der Tunika, in einem kräftigen Violett.

»Nun mein Lieben, bitte ich euch, schließt eure Augen und stellt euch eng nebeneinander.«

Wieder taten wir, worum er bat. Im nächsten Moment spürte ich drei seiner Finger auf meiner Stirn. Ich vermute, es war sein Daumen, der zwischen meinen Augen positioniert war und leicht darüber sein Zeigefinger sowie Mittelfinger. Ein Lichtblitz schoss durch mein ganzes Wesen und ich fühlte mich sogleich deutlich erhoben.

»Bitte öffnet eure Augen.«

Ich blickte umher und konnte alles noch intensiver wahrnehmen, als es sowieso schon in dieser Ebene zu erleben war. Die Farben wirkten deutlich kräftiger, jegliche Energien waren in einer enormen Fülle zu erkennen und meine Sinne wurden immens verschärft. Wir blickten uns an und waren beide im gleichen Moment verblüfft.

»Deine Augen Anandriel...«

»Ich wollte das gleiche zu dir sagen Lotus... Sie sind so wunderschön und leuchten in einem hellen Grün sowie Himmelblau. Ich sehe pure Lebenskraft in dir!«

»Und ich ebenso in dir! Deine Augen leuchten in einem kräftigen Emeraldgrün und tiefen Blau. Sie sind die Schönsten, die ich je gesehen habe!«

Plötzlich formte sich ein riesiger Spiegel vor uns. Sprachlos blickten wir für mehrere Minuten hinein und betrachteten das Bild der Vollkommenheit im Ganzen. Einheitlich standen wir dort, eingekleidet im feinsten Stoff und mit strahlend leuchtenden Augen. Dann sagte Lord Lyra:

»Nun meine Lieben - lasst uns in den großen Saal gehen.«

Wir gingen durch eine weitere Tür im Raum, folgten einem langen Gang und standen nun vor einem mächtigen Tor, schätzungsweise dreißig Meter lang und sechzig Meter hoch. Intuitiv hakten wir uns in Lord Lyras Arme ein. Lotus zu seiner Linken und ich zu seiner Rechten. Im nächsten Moment schwang das Tor auf und wir blickten in einen aus Licht strukturierten Saal. In der Mitte befand sich ein Kristalltisch, an dem die verschiedensten Wesen vor ihren Plätzen standen.

Eine königliche Musik ertönte im ganzen Raum, gespielt von den Instrumenten im Ether. Trompeten, Trommeln und himmlische Stimmen erschufen eine Melodie, die den ganzen Saal mit Gottes Präsenz segnete. Synchron, majestätisch und vollkommen im Takt, gingen wir zum Tisch. Lord Lyra berührte sein Herz, danach seine Stirn und streckte nun seine Hand zu allen Anwesenden im Raum. Er sprach:

»Geliebte Brüder und Schwestern des Lichts. Es ist mir eine große Ehre, heute hier mit euch versammelt zu sein. Ihr alle seid euch über den Anlass bewusst, doch ich möchte für unsere besonderen Gäste, Lotus und Anandriel, noch einmal die Worte sprechen, welche den Planeten bereits in diesem Moment erfüllen.

Heute findet, dank euch beiden, ein wahrlich weltbewegendes Ereignis statt. Ihr habt eure bereits lang geplante Aufgabe empfangen und in Perfektion ausgeführt. Die Menschen, die eurem Vortrag gelauscht haben, sind nun zu ihrem Herzen erwacht und erkennen die Wahrheit. Millionen sind es in der

Zahl und Milliarden werden folgen. Nichts kann aufhalten, was ihr heute in die Wege geleitet habt. Die ganze Welt befreit sich von den Fesseln der dunklen Kräfte!

Ihr seid so viel stärker als jene manipulativen Kräfte, und dies erkennen die Menschen endlich und kommen in Einheit zusammen, um ihr Geburtsrecht einzufordern: Frieden, Freiheit und die Fülle Gottes in vollkommener Harmonie.

Lang unterdrückte Technologien werden veröffentlicht. Diese helfen euch zu heilen, doch dienen lediglich als Unterstützung. Wie ihr bereits wisst: Frieden, Freiheit und Fülle kommt aus dem Herzen. So haltet stets eure Aufmerksamkeit dort und all die guten Dinge werden euch zuströmen und bleiben ewig erhalten.

Schon sehr bald können wir, eure großen Brüder und Schwestern des Lichts, uns euch allen zeigen und damit wird ein sehr großes göttliches Ereignis stattfinden.

Das heutige Fest dient euren Errungenschaften und dem Licht der Wahrheit, das sich nun im Kollektivbewusstsein verankert hat. Keine Lüge kann sich vor diesem Licht verstecken. Gott siegt immer! So speisen wir heute aus Gottes Küche. Lasst das Fest beginnen!«

Lord Lyra breitete seine Hände über den Tisch aus und es manifestierten sich augenblicklich die feinsten Speisen, von denen ich die meisten zuvor noch nie gesehen hatte. Kein Fleisch, kein Fisch, alles rein pflanzlich und teilweise wirkte es wie verdichtetes Licht. Eine himmlische Vielfalt, angerichtet in Symmetrie und duftend wie im Paradies. Es glich einem Kunstwerk, dass ich mir dachte, es sei doch zu schade ein Stück zu entnehmen und das Bild zu beschädigen. Doch als die Anwesenden sich an den Speisen bedienten und ein Stück entnahmen, füllte sich sogleich die Lücke und das Bild der Vollkommenheit blieb erhalten.

Wir speisten von glänzenden Kristalltellern, tranken aus edelsten Kristallbechern und portionierten das Essen mit dem feinsten Kristallbesteck. Gleich vor mir stand eine Torte, die äußerst einladend aussah. Vier Schichten, kunterbunt, süßlich duftend und bestückt mit kleinen exotischen leuchtenden Früchten. Voller Faszination sagte ich zu Lotus:

»Himmel... Schau mal diese Torte! Magst du auch ein Stück haben?«

»Gott... Die sieht fantastisch aus... und wie sie duftet! Doch vielen Dank Anandriel - mich zieht es zunächst zu diesen sonderbaren Schüsseln, die wohl verschiedene Dressings beinhalten. Kombiniert mit Früchten von der reichlich gefüllten Goldplatte, erscheint es mir als eine geeignete erste Wahl.«

Vor ihr standen sieben Schüsseln, gefertigt aus einem mir unbekannten Material, mit kunterbunten Diamanten versehen. In ihnen befanden sich Flüssigkeiten, dessen Konsistenz einer feinen Creme ähnelte. Sie waren in perfekten Spiralen gehäuft und bargen kleine Muster in sich. Gleich daneben stand eine glänzende Goldplatte, bestückt mit Früchten aller Art. Einige waren mir bekannt, wie Erdbeeren; Bananen oder Melonen, doch die meisten erwiesen sich für mich als etwas gänzlich Neues. Auf manchen bewegte sich sogar das entsprechende Muster.

Elegant, wie in all ihren Bewegungen, griff Lotus nach ein paar Früchten und bedeckte sie reichlich mit einer der wundersamen Cremes.

Wir speisten voller Dankbarkeit und erlebten pure Glückseligkeit. Jedes Stück, das genüsslich unseren Gaumen hinunter lief und in Liebe von unserem Magen empfangen wurde, erfüllte uns mit reiner Energie, die das ganze Wesen erfrischte.

Sobald ich ein wenig Durst verspürte, füllte sich mein Kristallbecher wie von Zauberhand mit einer glänzend blauen Flüssigkeit. Kaum ausgeschlürft, schon durchströmte eine weitere einzigartige Energiewelle mein Wesen.

Ein Fest, wie wir es noch nie erlebt hatten, nahm seinen Lauf. Liebliche Klänge füllten den Saal, engelhafte Energien glitten durch die Lüfte, und Wesen, dessen Präsenz eine enorme Liebe aussandte, ummantelten uns mit ihrer herrlichen Strahlung. Ich konnte gar nicht so recht sagen, wie lange das Fest andauerte, da die Zeit mal wieder nicht präsent erschien. Es war der ewige Moment im Hier und Jetzt, der uns durchgehend beflügelte.

Irgendwann, zu einer unbestimmten Zeit, nach einer Weile des intensiven Austauschs von Geschichten und Informationen mittels der Telepathie, stand Lord Lyra auf und bedankte sich bei allen Anwesenden. Diese entschwanden sogleich im Lichte. Auch die Speisen samt Geschirr und Dekoration, lösten sich auf. Nun sprach er wieder zu uns:

»Meine Lieben - ich danke euch von ganzem Herzen für euren heutigen Besuch. Es war mir eine große Ehre, mit euch dieses Fest zu genießen.«

Lotus und ich schauten uns an und dann sagten wir synchron:

»Wir danken dir ehrlich und aufrichtig für dieses Geschenk!«

»Ich weiß gar nicht so recht, was ich noch sagen soll...«, fügte ich hinzu.

»Ja, es geht mir genauso... Es ist einfach alles perfekt...«, sagte Lotus.

»...und bedarf keine weiteren Worte«, ergänzte ich.

»Genau!«, sprach sie wieder.

Lächelnd sagte Lord Lyra:

»Wenn ihr es wünscht, so dürft ihr gerne noch etwas auf diesem Schiff verweilen und könnt die nun folgenden Ereignisse auf der Erde von hier beobachten.«

Wir bejahten sein Angebot mit großer Freude. Er sagte anschließend:

»Dann soll es so sein. Mit eurem kleinen Schiff seid ihr ja bereits bestens vertraut. Es gibt noch genügend zu erkunden.«

Lord Lyra breitete erneut seine Hände aus und sogleich erschien unser Transportschiff. Er fügte hinzu:

»Ich weiß, wie sehr ihr die Natur und die Ruhe liebt, so habe ich in unserer Naturebene ein bescheidenes Heim für euch errichtet. Wann immer ihr wünscht, dort zu sein, so teilt es dem

Schiff mit und es fliegt sogleich los. Es ist für alles gesorgt und ich bin mir sicher, die Ein oder Anderen Details könnten für euch faszinierend sein, wie ihr so gerne sagt. Geht nun dahin und erfreut euch in der Liebe und im Licht des einen unendlichen Schöpfers - Adieu!«

Im nächsten Augenblick entschwand er unseren Blicken. Uns stand nun die Erkundung des ganzen Mutterschiffs offen.

»Du kennst meine Worte bereits - bitte einstiegen, Anandriel.«

»Aber gewiss doch, werte Dame«, gab ich ganz vornehm zur Antwort. »Wo soll es denn hingehen?«

»Wie wäre es mit einem Besuch in unserem neuen Heim?«

»Eine hervorragende Idee!«

Kaum unsere Intention preisgegeben, schon hob das kleine Transportschiff ab und flog los.

Die Naturebene

Soweit das Auge blicken konnte, erstreckten sich Berge; Täler; Bäume; Flüsse; Meere sowie eine Vielfalt an Tieren. Das Terrain hatte ein eigenes Ökosystem mit mächtigen Wolken und einer kleinen Sonne. Es fühlte sich eher an, als befände man sich auf einem Planeten, anstatt auf einem Raumschiff.

Während wir die Ebene erkundeten, fiel mir auf, dass nicht ein einziges Blatt Löcher oder allgemein Verfall aufwies. Alles erfreute sich an bester Gesundheit.

Ich erinnere mich noch sehr gut an die Cartoon-Filme, die ich in meiner Kindheit gerne schaute. Die Reinheit der animierten Welten hat mich stets fasziniert und immer wünschte ich mir, solch eine makellose Welt zu erleben. Nun befand ich mich in einer höchst fortschrittlichen Ebene, auf dem Mutterschiff „Talia“, in der fünften Dimension, bei der jede Ecke von Sauberkeit strahlte und in jeder erdenklichen Art und Weise Perfektion Ausdruck gewährt wurde. Mein Kindheitswunsch ist gänzlich in Erfüllung gegangen und wurde sogar bei weitem übertroffen.

Flüsse und Meere enthielten kristallklares Wasser. Verschiedene leuchtende Steine schimmerten aus ihren Tiefen. Rings herum befanden sich traumhafte rosa Strände, mit erstaunlich großen Palmen bestückt, an denen weitaus mehr als nur Kokosnüsse wuchsen. Teilweise äußerst exotische Früchte, die ich noch nie zuvor gesehen hatte. Eine schien golden in der Farbe und ähnelte der Ananas, jedoch mit einem ganz eigenen Muster.

Am meisten überraschten mich die Kristalle, die nicht nur am Strand verteilt waren, sondern überall in der Region. Manche hatten eine Größe von mehreren hundert Metern und in den meisten konnte man sogar eine Energie zirkulieren sehen.

Ich verspürte den Impuls, mich mit einem zu verbinden und sogleich sah ich die zirkulierende Energie aus ihm heraustreten und in meine Richtung fließen. Ich konnte seine individuelle Energiesignatur spüren und so vertieft in mein Wesen lauschen. Es war eine einzigartige Schwingung.

Ein Berg in der Ferne, so ziemlich der Größte von allen, bestand nur aus Amethyst-Kristallen. Von seiner Spitze aus floss eine mächtige Strahlung durch den Himmel. Sein Antlitz ließ erahnen, dass die Energien dort besonders hoch sind. Ich vermute, man braucht ein gefestigtes Wesen, um der Vibration standhalten zu können. Sicherlich erhöht sie die Schwingung um ein Vielfaches und lässt so das Individuum vorübergehend in höheren Bewusstseinszuständen verweilen. Dadurch kann man neue Erfahrungen sammeln, doch es dient lediglich als Hilfsmittel.

Mein Gefühl sagt mir, wer wahre Meisterschaft über sein Selbst erlangt, der ist vollkommen unabhängig von äußeren Dingen und zieht seine Kraft gänzlich aus der mächtigen Gott-Präsenz im Inneren.

Vollkommen beflügelt von all den Eindrücken glitten wir noch eine Weile durch die Lüfte und bestaunten die Vielfalt der Schöpfung. Zwischenzeitlich gesellten sich riesige Greifvögel zu uns. Einer flog so nah, dass ich unser Verdeck öffnete und ihn streichelte. Seine Federn fühlten sich einfach nur fantastisch an. Er schien es genossen zu haben und drehte im Anschluss mehrere Pirouetten.

Langsam flogen wir auf eine Hochebene zu. Umringt von Bäumen und Büschen, gab sich ein Plateau zu erkennen, auf dem ein einziges Haus errichtet wurde. Lautstark rief ich:

»Schau Lotus - da vorne ist es!«

»Ja, ja, wow... ich sehe es!«, antwortete sie in den höchsten Tönen.

Unser Schiff glitt sanft zu Boden. Wir stiegen aus und standen nun direkt vor dem Haus. Ein äußerst sonderbarer Stil, höchst fortschrittlich in der Architektur, vermischt mit den natürlichen Elementen der Umgebung. Das Heim hatte an jeder Seite Fenster verbaut, wodurch man einen perfekten Ausblick in alle Richtungen genießen konnte. Sämtliche Wege und Wände wurden durch ein mildes weißes Licht erhellt.

Wir traten ein und blickten in einen großen Raum mit hohen Decken. Alles war offengehalten und gab einem das Gefühl von Freiheit. Die Luft wies eine ähnliche Frische, wie jene draußen in der Naturebene auf. Zu meiner Überraschung waren die Fenster geschlossen. Es wird wohl irgendeine Technologie gewesen sein, welche dies gewährleistete. Lautlos war sie dazu auch noch!

Ich begab mich weiter ins Wohnzimmer, während Lotus zur Küche ging. Der Boden schien aus einem Stück zu sein - eine massive Platte. Verziert mit wunderschönen Mustern, strahlte er in perfekter Sauberkeit. Interessanterweise sah man keine Fußspuren. Egal wie feste ich meine Füße aufsetzte, er blieb stets rein und schien unberührt.

Plötzlich rief Lotus:

»Anandriel! Bitte, komm doch mal her - das musst du dir

ansehen!«

Ich eilte in die Küche und sie fügte hinzu:

»Hier, schau. Das wird wohl einer der sogenannten Materialisierer sein. Wollen wir ihn ausprobieren?«

»Aber natürlich. Irgendwelche Ideen?«

Sie überlegte kurz.

»Ich hätte gerne einen frischen Granatapfelsaft.«

Kaum ausgesprochen, schon machte sich das Gerät an die Arbeit und manifestierte binnen Sekunden einen frischen Granatapfelsaft, samt Glas und Strohhalm aus purem Silber.

»Himmel, Anandriel... Das ist genial!«

»In der Tat!«, sagte ich verblüfft.

Sie trank einen kräftigen Schluck und rief augenblicklich:

»Das ist mit Abstand der beste Granatapfelsaft, den ich jemals getrunken habe!«

Ihre Faszination war in meinem ganzen Wesen zu spüren und bescherte mir ein breites Grinsen auf den Lippen. Dann sagte ich:

»Nun möchte ich es auch mal probieren. Ich hätte gerne eine kleine Portion Sprossensalat mit einem süß-fruchtigen Dressing.«

Das Gerät reagierte sofort und manifestierte einen entzückend angerichteten Salat aus den verschiedensten Sprossen, von denen mir die meisten nicht bekannt waren, sowie einem cremigen Dressing, das nach Mango duftete. Ich probierte eine kleine Portion und war begeistert.

»Lotus... Wow... Das schmeckt hervorragend! Möchtest du auch mal probieren?«

»Aber natürlich!«, sagte sie in höchster Freude.

Sie nahm eine kleine Portion und äußerte, ohne zu zögern:

»Mir fehlen beinahe die Worte... Man muss es erlebt haben, um zu verstehen, wie schmackhaft das ist! Und das Dressing... Es ist perfekt abgestimmt!«

Wie zwei muntere Kinder experimentierten wir mit dem

Materialisierer und erfreuten uns an jeglichen Dingen, die für uns manifestiert wurden. Danach inspizierten wir zusammen weitere entzückende Details des Heims und entschieden uns anschließend auf der Dachterrasse zu ruhen. Eine Art Couch, bestückt mit vielen Kissen, erwies sich als optimal. Wir genossen die Stille und blickten in die Weite der idyllischen Landschaft.

Man mache sich einmal bewusst, dass jedes Wesen auf diesem Raumschiff ein ähnliches Heim wie unseres frei zur Verfügung gestellt bekommt, oder es gar selbst manifestiert. Es spielt keine Rolle, ob es der Gärtner oder der Kommandeur einer Flotte ist. Alle erfreuen sich gleichberechtigt an der Fülle und dem Reichtum Gottes, die sie in tiefer Dankbarkeit erleben und teilen.

Es wurde wohl langsam Abend und die kleine Sonne am Himmel dimmte ihre Strahlung. Ein bernsteinfarbenes Licht erstreckte sich über die gesamte Ebene. Ganz dunkel wurde es nie - Licht erfüllte stets das Gemüt!

Lotus schlief irgendwann in meinen Armen ein. Wie eine Prinzessin ruhte sie dort. Ich entschied mich für einen kleinen abendlichen Spaziergang. So ging ich außer Haus und erkundete die naheliegenden Wälder.

Eine besondere Begegnung

Alles strahlte voller Leben, und nirgends gab es Mücken; Fliegen; Zecken oder Spinnen. Sämtliche Tiere, denen ich begegnete, wiesen exotische Merkmale auf, waren vollkommen friedlich und deutlich höherentwickelt als jene auf der Erde.

Riesige Bäume wuchsen hunderte Meter in die Höhe und ummantelten jeden Besucher mit ihrer heilsamen Energie. Kleine leuchtende Pflanzen sowie blaue Pilze erhellten den ganzen Wald und gaben ihm eine magische Atmosphäre. Ständig bewegten sie sich. Es wirkte, als würden sie zum Lied der Nacht tanzen, das der Wind mit sanften Böen einstimmte.

Plötzlich hörte ich ein lautes Knacken im Dickicht. Ich blickte zu der Stelle, doch sah nichts Auffälliges. Meine Intuition signalisierte mir eindeutig, dass dort etwas lauert. Ich spürte, wie die feinen Härchen auf meinen Armen zu Berge standen. Viele wissen es tatsächlich nicht, doch unsere Haare dienen unter anderem als Antennen - sie empfangen elektromagnetische Wellen und senden Impulse in den Körper. Die Sinne müssen fein abgestimmt sein, um jene deutlich zu spüren, doch in dieser höheren Ebene war einfach alles intensiver, sodass ich in meinem Empfindungsleib eine mächtige Präsenz vernehmen konnte.

Mein Bauchgefühl bestätigte sich binnen Sekunden - die leuchtenden blauen Blüten der Büsche bewegten sich blitzschnell, wie tausend bezaubernde Bienen, die in einem beachtlichen Tempo von Blume zu Blume fliegen. Ein riesiges Wesen kam hervor - ein Tiger! Er war mindestens dreimal so groß wie jene auf der Erde. Sein Fell schimmerte schneeweiß, mit glänzend schwarzen Streifen und seine Augen strahlten Kristallblau. Für einen Moment blieb ich wie festgefroren stehen und blickte ihn mit sicherlich stark geweiteten Pupillen an. Er schaute ebenso zu mir, mit seinem wilden Blick, und es machte den Anschein, er sei über meine Reaktion verwundert. Ich erinnerte mich sogleich an die Tatsache, dass alle Tiere hier friedlich sind. So sollte auch dieser mächtige Tiger wohlgesonnen sein.

Durch ein liebliches Schließen seiner Augen signalisierte er mir, dass alles in Ordnung ist und kam danach langsam auf mich zu. Ich fühlte mich vollkommen sicher. Jegliche Unsicherheit wurde unverzüglich in Vertrauen transformiert und ich ging ebenso auf ihn zu. Er glitt mit seinem riesigen Kopf ganz sanft an meine Schulter und ich streichelte ihn zugleich. Noch nie habe ich solch schöne Augen bei einem Tier gesehen. Aus der Nähe leuchteten sie deutlich intensiver und strahlten eine enorme Kraft aus. Ich schätze ihn auf sechs Meter in der Länge und seinen Kopf dreimal so groß wie jene Tiger der Erde.

Plötzlich legte er sich zu Boden und rollte sich fröhlich auf seinem Rücken. Ich kraulte seinen Bauch und legte mich zu ihm. Es fühlte sich an, wie eine Mischung aus ganz feinem Fell und puren Muskeln.

Wir genossen beide die herrliche Atmosphäre. Nach wenigen Minuten zog er weiter seines Weges. Ich konnte kaum fassen, was gerade passiert war. Erfüllt vom Zauber dieser besonderen Begegnung ging ich zurück ins Heim und legte mich wieder zu Lotus.

Eine unerwartete Nachricht

Wahrlich wie ein Tiger, schlief ich tief und fest. Ein intensiver Rosenduft schlängelte sich sanft durch meine Nasenhöhle und weckte mich ganz lieblich. Ich öffnete meine Augen und sah Lotus‘ direkt vor mir stehen. Sogleich sprach Sie mit ihrer zauberhaften Stimme:

»Du Schlafmütze. Wie eine Katze hast du dort gelegen, eingemurmelt in deiner Decke. Schau mal, ich habe bereits

Frühstück gemacht - beziehungsweise, der Materialisierer hat es für uns gemacht.«

Vor mir stand ein reichlich gedeckter Tisch, dekoriert durch wunderschöne violette Rosen in einer edlen Jade Vase. Munter, von dem herrlichen Anblick, sagte ich zu Lotus:

»Das sieht fantastisch aus, vielen Dank! Katze ist übrigens ein gutes Stichwort. Gestern Abend bin ich einem Tiger begegnet.«

In aller Seelenruhe aßen wir unser Frühstück und ich erzählte ihr von meiner sonderbaren Begegnung. In diesem erhöhten

Bewusstseinszustand, den wir hier auf dem Mutterschiff dauerhaft erlebten, konnte ich so tief in meine Erzählung eintauchen, dass ich das Gefühl hatte, sie noch einmal zu erfahren. Lotus war sichtlich fasziniert und lauschte aufmerksam meinen Worten.

Wir unterhielten uns noch eine Weile, bis ich irgendwann auf die Toilette musste. Rasch begab ich mich ins Bad.

Auch hier strahlte alles von Sauberkeit und gab einem ein wohliges Gefühl. Das erste Mal, dass ich mich wirklich gerne in einem Badezimmer aufhielt, wo jede noch so kleine Ecke schmutzfrei war. Ein Hauch von Orange erfüllte die Luft. Ich hatte keine Hemmung irgendetwas anzupacken. Man wusste einfach, hier ist alles komplett rein.

Das Klo hatte ein sehr interessantes Design. Es besaß kein Abflussrohr, keine Spülung und keinen Deckel. Zudem war es aus einem Stück geformt. Das Material glich einem Kristall. Ich dachte mir, es wird schon seinen Zweck erfüllen, setzte mich hin und erledigte mein Geschäft. Aus irgendeinem Grund wusste das Klo ab einem gewissen Punkt, dass ich fertig war und aktivierte sogleich einen Mechanismus, der uns, sprich das Klo und besonders meinen Po, mit einem violetten Licht bedeckte. Dies hielt für ein paar Sekunden an und anschließend war alles wieder blitzeblank. Es sah aus, als wäre es nie benutzt worden und auch mein Gesäß fühlte sich wie frisch gewaschen an.

Ich begab mich zurück zu Lotus und wir entschieden uns für eine Erkundungstour in der traumhaften Naturebene. Es gab noch so viel zu entdecken. Munter wanderten wir durch die schönsten Landschaften und genossen voller Freude den Tag.

Genau das habe ich mir immer gewünscht. Wälder und Wiesen, bei denen man ohne Sorge vor Zecken einfach auf dem Boden liegen kann - Höhlen, bei denen keine Spinnen an den Decken krabbeln - und Gewässer, die bis auf den Grund vor Reinheit strahlen. Als wir an einer Wasserquelle rast hielten, hallte auf einmal Lord Lyras Stimme in unserem Kopf:

»Meine Lieben Kinder - besucht mich bitte im Hauptquartier, auf der Ebene 10. Ich möchte euch etwas zeigen.«

Ohne zu zögern, machten wir uns auf den Weg.

Unser Schiff landete wieder auf einer großen Plattform. Doch diesmal war es eine andere als zuvor. Lord Lyra erwartete uns bereits mit seinem gütigen Lächeln und sagte:

»Kommt, meine Lieben.«

Zügig folgten wir ihm durch lange Gänge, bis zu einem ganz besonderen Areal. Ich nenne ihn: Den Raum der 1000 Bilder. Unzählige lebendige Bilder schwebten im Raum und zeigten in Echtzeit die Geschehnisse auf der Erde. Es erschien uns schwer, einen Überblick zu bekommen, da es so viele Informationen gleichzeitig waren, die in unser Bewusstsein prasselten. Daraufhin sagte Lord Lyra:

»Schließt eure Augen.«

Er berührte unsere Stirn und wieder schoss ein blendend weißes Licht durch das ganze Wesen. Wir öffneten unsere Augen und waren plötzlich in der Lage all die Bilder und Informationen ohne Probleme zu erfassen. Wieder sprach Lord Lyra:

»Auf der Erde hat soeben ein großes Ereignis seinen Lauf genommen. Da genügend Menschen erwacht sind, konnte nun die nächste Phase eingeleitet werden. Das gesamte Internet sowie sämtliche technische Kommunikation, sei es via Telefon; Radio; Fernseher oder ähnliche Geräte, wurde von der Allianz, den „weißen Hüten" und weiteren geheimen positiven Militärorganisationen, die mit uns in Kontakt stehen, unterbrochen. Auf allen Mediengeräten wird nun für die nächsten drei Tage das Notfallprogramm übertragen, und der Präsident der USA spricht in Echtzeit zur ganzen Welt. Bitte hört es euch selber an.«

Der Präsident begann seine Rede:

»Liebe Mitbürger,

ich spreche heute nicht nur zu Amerika, sondern richte mein Wort an die ganze Welt. Bitte bewahren Sie Ruhe und bleiben sie in ihren Häusern oder Wohnungen. Die Ereignisse, die gerade ihren Lauf nehmen, betreffen den gesamten Planeten. Millionen Militärtruppen stürmen in diesem Moment ein gewaltiges globales Netzwerk an Untergrundbasen, in denen der „Tiefenstaat" einen Großteil seiner Operationen ausgeführt hat. Tausende Menschen in hochrangigen Positionen der Politik; Wirtschaft; Pharmaindustrie; Film- und Musikindustrie; Medienindustrie; Ölindustrie sowie Militär und religiöse Institutionen, sind direkt daran beteiligt und werden ebenso gerade auf der Erdoberfläche verhaftet. Unsere Militärtruppen haben ihre Häuser, Villen und Wohnungen umstellt, von denen viele direkt mit dem Untergrundnetzwerk verbunden sind. Es gibt kein Entkommen!

Über 150.000 versiegelte Anklagen wurden entsiegelt, in denen hunderttausende Verbrechen an die Menschheit aufgelistet sind. Die Menschheit wurde in jeder erdenklichen Art und Weise unterdrückt; manipuliert und versklavt. Ich wiederhole mich erneut: Dies hat nun ein Ende! Ich versichere ihnen, dass unsere Militäroperation zur Verhaftung dieser kranken Menschen ein voller Erfolg sein wird! Im Folgenden werden die Namen mit den jeweiligen Verbrechen aufgelistet.

Ich bedanke mich für ihre Aufmerksamkeit und melde mich in Kürze erneut.«

Wir schauten uns an und dann rief ich in absoluter Freude:

»Gott sei Dank! Es passiert endlich! Das ist ein riesiger Schritt zur Befreiung des Planeten!«

»Das ist wahrlich ein weltveränderndes Ereignis«, fügte Lotus hinzu. »Ich bin so froh, dass dies endlich passiert und dass diesen Verbrechern ein Ende gesetzt wird. Gott, bitte sende all deine Liebe zu unserem Planeten, sodass wir vollständig heilen und von unseren kollektiven Traumata befreit werden!«

»Wir kümmern uns um euch, und ihr werdet mit all der Liebe, die wir in unseren Herzen tragen, ummantelt. Ihr werdet vollständig heilen!«, sagte Lord Lyra mit einer so mächtigen Kraft in seiner Stimme, dass der ganze Raum bebte. Er fügte hinzu:

»Der gesamte Planet wird nun von uns, den Lichtkräften, intensiviert mit Energie in hohen Frequenzen, zur Heilung und Stabilisierung des Kollektivbewusstseins erfüllt. Dies ist von Bedarf, da sich nun Milliarden Menschen zu einem gewissen Grad darüber bewusst geworden sind, dass die Menschheit Jahrzehnte lang von einigen Wenigen unterdrückt, manipuliert, versklavt und gefoltert wurde.

Ich sage euch, es sind weitaus mehr als Jahrzehnte. Mit der Veröffentlichung von unterdrückten historischen Texten, wird der Mensch mehr über dieses Thema erfahren.«

Wir unterhielten uns noch sehr lange mit Lord Lyra und lauschten seinen Erzählungen über die wahre Geschichte der Erde. Im Verlauf der nächsten drei Tage sprach der Präsident der Vereinigten Staaten vermehrt zur Weltbevölkerung und offenbarte mehr Details zu den jahrelangen Verbrechen des „Tiefenstaats". Wie angekündigt, wurden die Massenverhaftungen in Echtzeit über das Notfallprogramm auf allen Mediengeräten übertragen und die Menschen wurden Zeuge eines riesigen weltverändernden Ereignisses. Innerhalb von sieben Wochen erfolgte die Veröffentlichung etlicher unterdrückter Technologien, welche die globale Situation erheblich verbesserten. Dies beinhaltete zum Beispiel:

Technologien zur Heilung aller Krankheiten - Vollkommen frei von Nebenwirkungen.

Technologien zur Säuberung des gesamten Planeten. Sämtlicher Plastikmüll; radioaktive Stoffe sowie weitere Verschmutzungen im Ozean, zuzüglich der chemischen Verschmutzung von Luft und Landmassen, können damit in kürzester Zeit vollständig gereinigt werden.

Antigravitationstechnologie sowie freie Energie. Kleinste Gerätschaften, risikofrei, ersetzen die ehemaligen gefährlichen Erfindungen. Durch die Antigravitationstechnologie wird der Reifen abgeschafft und in Kombination mit der freien Energie Technologie werden diese den Verbrennungsmotor sowie Elektromotor vollständig ersetzen. Der Energiesektor erfährt eine globale Umstrukturierung und sämtliche risikoreiche Einrichtungen, wie zum Beispiel Kernkraftwerke, werden vollständig geschlossen.

Technologien zur Aufbereitung der Nahrungsmittel. Durch all die Chemikalien, die bewusst auf einen Großteil unserer Nahrungsmittel besprüht wurden sowie der allgemeinen Verschmutzung von Luft; Wasser und Erde, haben die Nahrungsmittel einen Großteil ihrer Vitamine und Mineralien verloren. Diese Technologien beheben den Schaden und fügen eine deutlich erhöhte Fülle an Nährstoffen hinzu. Zudem werden effizienterer Methoden dargeboten, um mit weniger Fläche und weniger Zeit, mehr Ertrag zu erzielen. Alles wächst deutlich schneller und ist zugleich vollkommen gesund.

In den folgenden drei Monaten wurde das alte auf Sklaverei basierte Finanzsystem abgeschafft und durch ein neues Finanzsystem, basierend auf Wohlstand und Freiheit für alle ersetzt. Damit wurde die Ungleichverteilung beendet und sämtliche Menschen auf dem Planeten haben nun unbegrenzte finanzielle Mittel zur Verfügung.

Geld war schon immer in Hülle und Fülle da, es wurde lediglich durch den „Tiefenstaat“ missbraucht und der Masse der Menschheit gestohlen. Doch dies ist endlich vorbei! Wohlstand breitet sich auf dem ganzen Planeten aus, sodass jeder genügend von allem hat! Durch diesen finanziellen Umschwung können sich die Menschen ihre Arbeitszeit frei einteilen. Es ist nicht mehr von Bedarf Berufe wie zum Beispiel Reinigungsarbeiten auszuführen. Diese und weitere Bereiche werden nun, sofern das Individuum es wünscht, von höchst fortschrittlichen Technologien übernommen und gewährleisten somit, dass die Menschen sich auf das konzentrieren können, was sie lieben, unabhängig vom Geld. Dadurch wächst ihre Spiritualität und sie bereiten sich auf weitere große Ereignisse vor.

Auch wenn den Menschen nun unbegrenzte finanzielle Mittel zur Verfügung stehen, ist dieses Finanzsystem nur ein Übergang. Sobald das Kollektiv eine gewisse spirituelle Reife erreicht hat, kann all das Geld komplett abgeschafft werden. Die hohen Wesen hier auf dem Mutterschiff, unsere großen Brüder und Schwestern des Lichts, leben vollkommen ohne Geld und haben dennoch alles, was sie sich vorstellen können. Dahin entwickelt sich auch die Menschheit.

Es mag für einige schwer vorstellbar sein, wie dies denn möglich ist, doch jene sollten sich daran erinnern, dass die Menschheit jahrelang im falschen Glauben gehalten wurde. Je weiter sie sich zum Lichte bewegt, die Wahrheit verinnerlicht und ein harmonisches Miteinander pflegt, desto inniger wird ihr Verständnis vom Leben und neue Möglichkeiten werden offenbart - zum Segen der gesamten Schöpfung!

Wir beobachteten all diese herrlichen Veränderungen und Erfindungen von hier oben, bis ich auf einmal am 144. Tag seit Beginn der globalen Ereignisse eine Nachricht bekam, übermittelt durch Lord Lyras Stimme in meinem Kopf.

Das große Ereignis

Mein lieber Anandriel - es wird Zeit wieder auf den Planeten Erde zurückzukehren. Du hast eine weitere große Aufgabe zu erfüllen. Der Präsident der Vereinigten Staaten ist sich über die positiven Auswirkungen deiner Rede vor wenigen Monaten sehr wohl bewusst. Er hat dich ins Weiße Haus eingeladen. Dein Name hat in der Zwischenzeit in allen Ländern für Aufsehen gesorgt. Lotus bleibt so lange hier. Sie wird weiter in den hohen Lehren des Lichts unterrichtet, nachdem sie bereits bei deinem Vortrag einen vollen Erfolg aufwies. Dein Schiff steht bereit.«

Er konnte meine Emotionen spüren und antwortete sogleich darauf:

»Sei nicht traurig - wir sehen uns schon sehr bald wieder. Eine ganz besondere Strahlung, von jemandem den du sehr gut kennst, wird dich auf deinem weiteren Weg führen und schützen. Richte deine Aufmerksamkeit stets zur mächtigen ICH

BIN Präsenz in deinem Herzen. Mit ihr wirst du immer Siegen! Gehe nun in Frieden. Meine Liebe ummantelt dein ganzes Wesen. Bis bald Anandriel!«

So informierte ich Lotus über meine Abreise, umarmte sie innig und begab mich anschließend zu Neliems Raumschiff. Er begleitete mich und ehrlich gesagt war ich darüber sehr froh. Ich mag ihn sehr! Wir machten uns sogleich auf den Weg. Vor dem Start sprach er:

»Ich könnte jetzt zwar so etwas wie „Bitte anschnallen“ sagen, doch solch eine veraltete Sicherheitstechnik findet bei uns keinen Platz mehr. Eine fortschrittliche Technologie sorgt stets für eine harmonische und sichere Reise, ganz gleich, mit welcher Geschwindigkeit wir uns fortbewegen. Wenn du es wünschst Anandriel, kann ich dir natürlich auch einen Sicherheitsgurt manifestieren - rein zur Show versteht sich.«

Ich liebe seinen Humor. Amüsiert antwortete ich ihm:

»Nein nein, danke Neliem - alles ist perfekt.«

Nach wenigen Minuten durchschritten wir bereits die Wolkendecke. Urplötzlich transformierte sich das Raumschiff in einen Helikopter. Nun trug ich einen eleganten Anzug und Neliem eine typische Pilotenausrüstung mit Helm und Brille. Sein Gesicht war kaum zu erkennen.

Es ist immer wieder aufs Neue faszinierend, mit welch Leichtigkeit diese großen Werke ausgeführt werden. All diese Fähigkeiten und noch viel mehr, ruhen auch in uns und warten darauf erkannt zu werden.

Wir landeten direkt auf den perfekt gepflegten Grünflächen des Weißen Hauses. Dort erwartete uns bereits der Präsident der USA sowie eine Vielzahl an Reportern. Als sich die Helikoptertür öffnete, schien alles in Zeitlupe abzulaufen. Ich fragte mich, was ich denn eigentlich sagen soll, schließlich hatte ich nichts vorbereitet. Mit dieser Realisation breitete sich eine leichte Unruhe in meinem Wesen aus. Da ertönte auf einmal eine Stimme in meinem Kopf, die mir sehr bekannt vorkam - doch wer es war, konnte ich noch nicht sagen:

»Ich bin bei dir - habe keine Angst! Vertraue auf dein Herz. Ich werde dich führen und schützen.«

Es war eine männliche Stimme, die wie Magie in meinem Bewusstsein erklang. Für einen kurzen Moment sah ich eine violette Strahlung meinen Körper umringen. Jegliche Unsicherheit war verflogen und ein Gefühl fester Entschlossenheit breitete sich in mir aus.

Die Zeit schien wieder wie gewohnt zu verlaufen. Die Helikoptertür öffnete sich vollständig und eine kleine Treppe führte zu Boden. Nicht mal eine Sekunde zögerten die Reporter. Ununterbrochen drückten sie auf ihre Kameras, aus denen ein Blitzlichtgewitter entwich, wie ich es zuvor nur im Fernsehen gesehen hatte. Langsam ging ich die Stufen hinunter. Ich konnte eine klare Ruhe und Sicherheit in meinem Wesen fühlen. Alles war gut.

Der Präsident kam auf mich zu, streckte seine Hand aus und begrüßte mich mit seinem berühmten Lächeln. Seine Zähne sind wirklich schneeweiß und sein Blick ist fest und fokussiert wie der eines Adlers.

»Herzlich willkommen Anandriel - schön dich zu sehen.«

»Die Freude ist ganz meinerseits, Herr Präsident.«

»Bitte folge mir in mein Büro - dort können wir ungestört sprechen.«

Wir gingen durch die langen Gänge des Weißen Hauses, nach wie vor durch die Reporter verfolgt, bis ein Sicherheitsmann ihnen die Anweisung gab, sie müssen bitte draußen warten. So betrat ich sein Büro und setzte mich auf einen gemütlichen alten Ledersessel. Der Präsident nahm gleich gegenüber Platz.

»Schön, dass du so schnell vorbeikommen konntest, Anandriel.«

»Ich hatte eine hervorragende Eskorte Herr Präsident, die sich von Wind und Wetter nicht abhalten lässt, sodass stets ein genauer Zeitplan eingehalten werden kann.«

»Strategisch formuliert«, sagte er. »Verrät nicht zu viel. Suggeriert „Etwas", wovon du dir erhoffst, ich möge es herausfinden, doch du möchtest nicht direkt darauf hinweisen, eher Spielraum für Spekulationen schaffen.«

»Ihre Scharfsinnigkeit ist bemerkenswert, Herr Präsident. Erinnert mich an den Adler.«

Er lachte mit seinen schneeweißen Zähnen und sagte dann:

»Ich mag das - ja - ich mag das. Lass mich dir sagen Anandriel, ich bin über den Ursprung deiner Eskorte bestens informiert. Du hattest in den letzten Wochen das Privileg die globalen Ereignisse auf dem Mutterschiff „Talia" zu beobachten. Auch ich habe Kontakt zur galaktischen Flotte von Lord Lyra. Sie helfen uns, soweit es ihnen gestattet ist.«

Lächelnd gab ich zur Antwort:

»Es wundert mich keineswegs, Herr Präsident.«

Kurz schaute er mir fokussiert in die Augen und sagte dann:

»Ich möchte sagen Anandriel, deine Charakterzüge erinnern mich an einen sehr weisen und gütigen Mann, dem ich vor kurzem begegnet bin. Er erzählte mir von dir, doch jetzt wo ich dich erlebe, habe ich das Gefühl, ihr seid aus einer Familie. Wie dem auch sei. Ich habe dich heute eingeladen, um dir eine weitere Möglichkeit zu bieten, vor der Öffentlichkeit zu sprechen. Doch diesmal vor der ganzen Welt, in Echtzeit übertragen auf allen TV-Sendern und Medienplattformen.«

Ruhig und gelassen antwortete ich ihm:

»Ich fühle mich geehrt Herr Präsident, doch über was wünschen Sie mich sprechen zu hören?«

»Ich möchte heute mit dir zusammen sprechen, Anandriel. In wenigen Minuten enthülle ich der Öffentlichkeit Jahrzehnte lang unterdrückte Dokumente zu berühmten UFO-Abstürzen, die außerirdisches Leben bestätigen. Die Menschheit soll die Wahrheit erfahren und ich wünsche mir, dass du gleich danach das Wort übernimmst und zu den Herzen der Menschen sprichst. Du hast es schon einmal getan und ich bin davon überzeugt, du kannst es wieder tun. Was du ihnen erzählst, liegt ganz in deinem Ermessen. Ich habe vollstes Vertrauen in dir! Bist du damit einverstanden?«

»Selbstverständlich Herr Präsident - von Herzen gerne.«

In einem Ruck stand er auf und wir gingen sogleich nach draußen.

Alles war vorbereitet. Die Reporter warteten bereits aufgeregt und ich hatte das Gefühl, sie hätten sich nun zu hunderten vermehrt. Der Präsident stieg aufs Podest und begann seine Rede:

»Liebe Mitbürger,

in den letzten viereinhalb Monaten hat die Welt einen großen Wandel erlebt. Wir haben den „Tiefenstaat“ enthüllt, ihre Schandtaten vollständig gestoppt und die Verantwortlichen festgenommen. Sie wurden selbst Zeuge von globalen Massenverhaftungen, wie die Welt sie zuvor noch nie gesehen hat.

Ein Virus, ein lange unentdeckter Virus von kranken Menschen hatte sich in unserer Gesellschaft eingeschlichen, sämtliche Bereiche infiziert und im Verdeckten menschenverachtende Taten ausgeführt.

Lange haben wir gelitten, doch uns nie unterkriegen lassen. Mehrfach sind wir zu Boden gestürzt, doch immer wieder aufgestanden. Mit allen Mitteln wurden wir unterdrückt, doch wir sind stärker und haben den Kampf gewonnen. Das Leiden hat nun, Gott sei Dank, ein Ende!

Sie sind selbst Zeuge geworden, wie wir unsere globale Situation in kürzester Zeit erheblich ins Positive gebracht haben. Etliche unterdrückte Technologien wurden veröffentlicht. Technologien, welche der Menschheit und dem ganzen Planeten Heilung erbracht haben.

Alle Krankheiten sind vollständig geheilt. Fortschrittlichste Technologien versorgen den gesamten Planeten mit freier Energie. Luft; Wasser und Landmassen sind gänzlich frei von

Verschmutzungen. Ein neues auf Wohlstand und Freiheit basierendes Finanzsystem hat die Ungleichverteilung beendet. Jeder Mensch erfreut sich nun an unbegrenzten finanziellen Mitteln und hat immer zu allen Zeiten Zugriff auf die gesündesten Nahrungsmittel.

Die Knappheit ist vorbei, liebe Mitmenschen! Fülle und Reichtum hat sich auf dem ganzen Planeten ausgebreitet!

Heute möchte ich mit ihnen zusammen den nächsten Schritt gehen und Dokumente enthüllen, die jahrelang unter der höchsten Geheimstufe klassifiziert wurden. Dokumente, die bestätigen, dass außerirdisches Leben existiert und mit der Regierung sowie dem Militär in Kontakt steht.«

Stille breitete sich bei den Reportern aus. Jeder hörte nun ganz aufmerksam zu und mein Gefühl sagte mir, die Milliarden Menschen vor dem Fernseher taten es ebenso.

Der Präsident fuhr mit seiner Rede fort:

»Es ist wahr, meine lieben Mitbürger. Über die Jahre wurden immer wieder UFOs, unbekannte Flugobjekte im Himmel gesichtet und von tausenden Menschen dokumentiert. Zahlreiche Fotos und Videos lassen sich im Internet finden. Nicht alle entsprechen der Wahrheit, doch viele zeigen tatsächlich Raumschiffe von einem anderen Planeten, gesteuert von außerirdischen, hochentwickelten Zivilisationen. Die Hauptmediensender haben diese Information unterdrückt und als Verschwörung abgestempelt. Doch nun, da der „Tiefenstaat" vollständig gestoppt wurde, ist es uns möglich, diese Informationen unzensiert zu veröffentlichen. Die Dokumente stehen jedem nach meiner Rede frei zur Verfügung. Auf der Internetseite des Weißen Hauses können Sie diese einsehen, herunterladen und nach Belieben ausdrucken.

Ich kann mir vorstellen, dass Sie nun viele Fragen haben, doch ich möchte an dieser Stelle das Wort an Anandriel übergeben.«

Ein unerwarteter Übergang, doch ich bin bereit. Selbstsicher ging ich aufs Podest.

»Vielen Dank Herr Präsident.

Ich begrüße euch alle ganz herzlich. Es ist mir eine große Ehre, heute zur ganzen Welt sprechen zu dürfen.«

Plötzlich spielte sich alles wieder in Zeitlupe ab. Das Blinzeln der Reporter schien kein Ende zu nehmen, solange dauerte es, bis ihre Augenlider sich zusammenzogen. Ein Käfer in der Luft flog beinahe auf der Stelle, und das Grinsen des Präsidenten wirkte ewig präsent. Da hörte ich Lotus' Stimme auf einmal in meinem Kopf, doch deutlich erhabener als gewohnt. Engelsgleich und beinahe singend sprach sie zu mir:

»Mein geliebter Anandriel - ich liebe dich so sehr! Ich bin bei dir - schau dich nur um.«

So blickte ich umher und vernahm eine starke weibliche Präsenz. Augenblicklich bildete sich überall ein violettes Licht. Das war sie! Es war ihre Liebe! Ich konnte es ganz deutlich spüren! Ich hätte losweinen können, so intensiv wirkte es auf mich, doch eine weitere Kraft sorgte für Selbstbeherrschung, Balance und Harmonie.

Wieder sprach Lotus:

»Doch nicht nur ich Anandriel - wir sind viele!«

Im nächsten Moment schossen alle Regenbogenfarben vom Himmel und füllten die komplette Umgebung. Sie ragten bis zum Horizont, und ich wusste, sie erreichten den ganzen Planeten. Jedes Wesen war nun von diesem Licht erfüllt, auch wenn die meisten es wahrscheinlich nicht sehen konnten. Die Liebe Gottes, gebündelt durch die Millionen Lichtwesen, die genau jetzt um den Planeten versammelt sind.

Noch einmal hörte ich Lotus' Worte, mit einer tiefen Überzeugung in ihrer Stimme:

»Wir glauben an dich, mein geliebter Anandriel!«

In einem Ruck verlief die Zeit wieder wie gewohnt und die Präsenz aller Anwesenden hatte sich deutlich verändert. Sie wirkten ganz ruhig und doch zugleich aufmerksam. Ihr Gemüt schien die Liebe empfangen zu haben und ihre Blicke verrieten, sie möchten mir nun einfach zuhören. So begann ich zu sprechen:

»Meine lieben Mitmenschen,

in den letzten 144 Tagen hat sich unser Weltbild als Kollektiv stark verändert. Vieles, dass normal erschien, entpuppte sich als Manipulation und Sklaverei. Durch eure Erkenntnis habt ihr das Licht Gottes in eure Herzen gelassen und den Schandtaten einiger wenigen kranken Menschen binnen kürzester Zeit ein Ende gesetzt! Durch euren Glauben, den Glauben an ein harmonisches friedvolles Miteinander zwischen Natur; Tier und Mensch, habt ihr die Ereignisse auf dem Planeten binnen kürzester Zeit ins Positive gewandelt. Durch die Stimme eures Herzens habt ihr die Lügen erkannt und die Wahrheit überall verbreitet. Durch die Kraft, die uns allen innewohnt, habt ihr die Schattenmauern zum Fall gebracht und das Licht Gottes auf der ganzen Welt verteilt.

Die Dunklen haben keine Macht. Sie nutzten uns aus, manipulierten uns, damit wir für sie eine Welt voller Chaos und

Leid erschaffen. Die Vergangenheit ist Zeuge dieser Auswirkungen.

Dies sollte uns allen eine Lehre sein, damit wir niemals wieder unsere Schöpferkraft missbrauchen! Diese Schöpferkraft wurde uns gegeben, damit wir die Liebe Gottes im gesamten Kosmos zum Ausdruck bringen, und wie ihr soeben erfahren habt, sind wir nicht allein im Kosmos!

Es gibt Wesen, die all das Leid und die Verwirrung bereits vor Millionen Jahren auf ihrem Heimatplaneten durchlebt haben, darüber hinausgewachsen sind und mit der Liebe Gottes alles ins Positive transformiert haben.

Jene Außerirdischen, jene hohen Wesen, von denen ich spreche, sind unsere großen Brüder und Schwestern des Lichts. Sie kämpften all die Jahre an unserer Seite, doch eben weitgehend aus dem Unsichtbaren. Sie kämpften all die Jahre gegen eine kleine Fraktion von negativ orientierten außerirdischen Wesen in gigantischen Tunnelsystemen unter der Erde sowie getarnt innerhalb und außerhalb der Erdatmosphäre.

Es war ein langer Kampf, doch wir vom Lichte, haben diesen Kampf gewonnen! Diese hohen Wesen des Lichts, unsere großen Brüder und Schwestern, respektieren in höchstem Maße unseren freien Willen, der uns durch Gott, den einen unendlichen Schöpfer, dem Geber alles Guten gegeben ist. Durch alte Zweifel an die Existenz von außerirdischem Leben sowie vergangener Furcht und ängstlichem Verhalten, mussten unsere großen Brüder und Schwestern des Lichts weiterhin für die Masse der Menschheit verborgen bleiben. Bitte versteht, dass diese hohen Wesen die universellen Gesetze, die im Kosmos ewig gelten, im höchsten Maße respektieren. So hätte ein plötzliches Erscheinen in der Vergangenheit womöglich Panik ausgelöst, da zu diesem Zeitpunkt noch vermehrt die Manipulation des „Tiefenstaats" ihr Unwesen trieb. Panik ist ein negatives Gefühl, ein Aspekt der Angst, und unsere großen Brüder und Schwestern des Lichts wären im Falle einer Massenpanik dafür verantwortlich gewesen. Dies wurde verhindert und so war Geduld angesagt.

Geduld, bis wir die Lügen des „Tiefenstaats" erkennen und ihrer Schattenregierung ein Ende setzen.

Geduld, bis wir unsere Ängste als Kollektiv in Vertrauen und Harmonie transformieren.

Geduld, bis wir uns für die Idee außerirdischen Lebens öffnen.

Alle drei Voraussetzungen haben wir nun erfüllt und so steht der großen Wiedervereinigung nichts mehr im Wege!

Liebe Menschen des Planeten Erde, ich bitte euch, blickt in den Himmel.«

Ein mächtiges Geräusch ertönte im Himmel und ich wusste, es erstreckt sich über den gesamten Planeten. Wir blickten empor und dort oben wurde alles immer heller. Es sah aus, als würden die Sterne auf die Erde hinabsteigen. Jeder hielt sich die Hand vors Gesicht, so stark blendete es, doch die Augen gewöhnten sich überraschend schnell an dieses Licht. Dann konnten Form und Farbe verschiedenster Raumschiffe erkannt werden. Sie setzten zur Landung an! Zeitgleich ertönte aus dem Ether eine Musik, himmlisch wie im Paradies. Gesandt von Gott, sangen die Engel für ihre Kinder.

Unser komplettes Wesen wurde von einer immensen Liebe beflügelt. Ich sah die Herzen aller Menschen leuchten, doch diesmal konnten sie es auch wahrnehmen! Sie hielten ihre Hände auf der Brust, fühlten diese Energie innig und waren von Tränen der Liebe erfüllt.

Der lang ersehnte Moment war gekommen - die Türen der Raumschiffe öffneten sich. Jeder blickte voller Erwartungen dort hin. Zunächst konnte niemand etwas erkennen, denn wieder strahlte ein helles Licht zu uns, doch als es langsam verblasste, konnten wir die verschiedensten und schönsten Wesen des ganzen Universums, mit dem lieblichsten und gütigsten Lächeln wahrnehmen. Sie öffneten ihre Arme und in jedem Menschen kam plötzlich eine Erinnerung hoch. Ich konnte es ganz deutlich spüren, denn auch ich besann mich nun lang vergessener Geschehnisse.

Wir liefen alle zusammen unseren großen Brüdern und Schwestern des Lichts in die Arme! Es war ein legendärer Moment, der wahrlich in die Geschichte einging. Die größte Wiedervereinigung, die dieses Universum je gesehen hat, fand endlich statt. Eine Welle der Liebe, wie sie so noch nicht erlebt wurde, durchströmte jedes Wesen auf dem Planeten und weitete sich im Kosmos aus.

Durch diese Liebe, die vereint empfunden wurde, nahm ein weiteres, lange prophezeites Ereignis seinen Lauf. Ein Ereignis, so gigantisch, dass es das gesamte Universum betrifft.

Mich schoss es in diesem Moment aus meinem Körper, weit ins All, und ich beobachtete das Geschehen aus allen Blickwinkeln, in einem Bewusstseinszustand, derart fortgeschritten, dass man es erlebt haben muss, um dies zu verstehen.

Unsere Sonne sandte einen mächtigen Blitz kosmischer Liebe aus. So mächtig, dass jegliche dunklen Wesen und Energieformen im Lichte aufgezehrt wurden. Alles was die Menschen sowie weitere Welten und Wesen in diesem Universum manipuliert; versklavt und gefoltert hat, war in einem Augenblick fort! Die komplette künstliche Intelligenz, jegliche Archons und Handlanger dessen, einfach alles negativ Orientierte konnte dieser Liebe nicht standhalten und wurde so im Lichte verzehrt. In einem Ruck wurden jegliche negativen Implantate, Energieblockaden, Wesensanbindungen und Manipulationen aufgelöst. Es war, als könnten alle zum ersten Mal richtig durchatmen. Die Gedanken vollständig gereinigt, der Körper augenblicklich gefestigt und das Gemüt durchströmt von Gottes Liebe. Ein Gefühl, dass die Menschheit lange vergessen hatte, beflügelt von nun an ihr ganzes Wesen - ein Gefühl von vollkommener Freiheit.

Mit diesem Ereignis begann das neue Goldene Zeitalter. Ein Zeitalter, so prächtig, dass es den Garten Eden in einer zuvor noch nie erblickten Fülle wieder blühen lässt. Mit direkter Hilfe unserer großen Brüder und Schwestern des Lichts, werden himmlische Lichtzentren erschaffen, in denen hohe spirituelle Lehren ihren Anklang finden. Die Menschheit kommt endlich wieder als Einheit zusammen und schafft so Vollkommenes, zum Segen der gesamten Schöpfung. Sie werden Teil der galaktischen Föderation des Lichts.

Zeitlos beobachtete ich dieses Geschehnis, Moment für Moment, bis mich eine Kraft wieder in meinen Körper zurückholte. Kaum auf dem Boden angekommen, schon sah ich ein strahlend violettes Licht. Es kam auf mich zu und ummantelte mein ganzes Wesen. Intuitiv sagte ich:

»Ich bin bereit.«

Im Glanz des siebten Strahls

Das Licht wurde stärker und stärker, bis alles in dieser violetten Strahlung leuchtete. Erneut schoss es mich weit empor, in eine komplett neue Ebene. Ich befand mich in einem Lichttunnel und bewegte mich mit einer enormen Geschwindigkeit fort. Es war nicht einfach, etwas zu erkennen, da alles so schnell geschah. Was ich sah, erschien verschwommen und doch war dieses bisschen wunderschön.

Der Tunnel strahlte in sämtlichen Regenbogenfarben, die mit jedem Moment, in dem ich dort verweilte, eine einzigartige Energie durch mein Wesen sandten. Ein himmlischer Anblick.

Langsam konnte ich neue Farben erkennen - Farben, die ich zuvor in dieser Tiefe noch nie gesehen hatte. Wie aus dem Nichts schoss auf einmal ein Blitz dieses kunterbunten Lichtes direkt in meinen Kopf. Beide Gehirnhälften wurden neu ausgerichtet. Ich fühlte mich höchst intelligent, vollständig harmonisiert und perfekt ausbalanciert. Meine Schwingung wurde zugleich stark erhöht. So stark, dass ich beinahe das Gefühl hatte, ich bestehe nur noch aus Licht.

Was vorher verschwommen erschien, zeigte sich jetzt in absoluter Klarheit. Durch die Lichtwand des Tunnels waren verschiedenste Planeten, Sterne und Sonnen zu sehen. Es wirkte wie ein multidimensionaler Fernseher. Sobald ich einen Planeten fokussierte, konnte ich aus allen Blickwinkeln das Leben dort wahrnehmen. Selbst die Sonnen beherbergen Wesen. Prächtige Lichtstädte finden sich auf ihnen wieder, die von hohen kosmischen Wesen erschaffen wurden - auch in unserer Sonne!

Ich hatte ja keine Ahnung, was sich alles im Kosmos befindet. Zeitlos bestaunte ich die Fülle des Universums, die sich mir offenbarte.

Nach einer Weile konnte ich in der Ferne etwas wahrnehmen. Kaum erkannt, schon löste sich der Lichttunnel auf und ich schwebte im unendlichen Raum, umhüllt von Millionen Sternen sowie Farben und Formen aller Art. Der Anblick versetzte mich in einen Zustand höchster Ekstase.

Plötzlich spürte ich etwas auf meinen Schulterblättern. Es fühlte sich vertraut an. So blickte ich nach hinten und sah Flügel! Geformt aus einem ätherischen Licht, wuchsen wunderschöne violette Flügel aus meinen Schulterblättern. Sie wurden immer größer, und als der Prozess abgeschlossen war, konnte ich die Einheit mit ihnen spüren. In einem Ruck breitete ich sie aus und sofort schoss ein mächtiger Lichtstrom von meinem Wesen in alle Richtungen.

Wahrlich wie ein Engel flog ich zu der Stelle, die ich aus der Ferne wahrnehmen konnte. Je näher ich kam, desto mehr erkannte ich, dass es sich um einen gigantischen Tempel handelt. Das Ausmaß konnte ich unmöglich bestimmen. Es wirkte teilweise, als würde er bis in die Unendlichkeit ragen. Intuitiv wusste ich:

»Das ist der Tempel der Violetten Flamme - der Tempel des siebten Strahls.«

Langsam setzte ich zur Landung an. Als meine Füße den Boden berührten, floss eine Energie, ausgesandt von meinem Körper, durch den gesamten Tempelkomplex. Er leuchtete für einen Augenblick kräftig auf und gleich im nächsten Moment hörte ich himmlische Stimmen. Dies waren die Stimmen der Engel. Sie sangen für mich in den schönsten Klängen.

In diesem erhöhten Bewusstseinszustand war es mir möglich, eine völlig neue Tiefe wahrzunehmen, die ich mir mit dem menschlichen Verstand niemals hätte vorstellen können.

Begleitet von der Engelsmusik, ging ich eine riesige Treppe empor, bis ich zu einem massiven Tor gelangte. Ehe ich mich versah, öffnete es sich wie von Zauberhand. Für einen Moment hielt ich inne. Was meine Augen zu sehen bekamen, musste ich erst einmal realisieren.

Strukturiert aus Licht, aus einem ätherischen violetten Licht, strahlte alles im Glanz des siebten Strahls. Mächtige Energieströme zirkulierten durch den Tempel und das eigene Wesen wurde von den schönsten Gefühlen beflügelt.

In der Mitte des Saals war jemand zu sehen. Er stand in einer violetten Lichtsäule, die bis ins Unendliche ragte. Noch konnte ich lediglich Umrisse erkennen, doch dann hallte seine Stimme im ganzen Raum, als würde er überall zur gleichen Zeit sprechen. Es war eine männliche Stimme, begleitet von einer magischen Atmosphäre, die mein ganzes Wesen mit einer zauberhaften Energie erfüllte.

»Es ist soweit - du bist bereit!«

»Ich kenne diese Stimme... Obwohl ich sie zum ersten Mal höre, kommt sie mir doch sehr vertraut vor...«, dachte ich mir.

Plötzlich verblasste die violette Lichtsäule und ich konnte ihn deutlich sehen. Es war Herr Violett! Er blickte von Weitem nach hier und gleich im nächsten Moment stand er lächelnd vor mir. Seine Augen leuchteten in dem kräftigsten Violett, das ich jemals gesehen habe. Es war, als würde ich in die Essenz des siebten Strahls blicken. Pure Liebe floss in mein Wesen, so intensiv, dass Tränen ununterbrochen meine Wangen hinunterglitten. Er berührte sogleich meine Arme und sagte:

Der Meister

»Himmel - Erde - Sonne und Licht,
dies entspricht schlicht deinem wahren Gesicht.
Hinzu kommt das Herz, dort sitzt die Seele,
beides zusammengeschweißt, deine größten Juwele.

Du hast sie erkannt
und fühlst Stück für Stück deinen ewigen Diamant.

Er sitzt im innersten Kern,
war dir niemals fern,
und trägt sich endlich nach außen
wie ein prächtiger Stern.

Du merktest, in dieser Zeit ist alles hochmodern -
viele in deinem Umfeld verstehen noch nichts

von deinem inneren Zellkern,
und so scheint es für manche als weitaus bildungsfern.

Sprich mir nach:
„Ich bin der, der ich bin, der ich war
und der ich immer sein werde.“ -
- und dies Anandriel,
beinhaltet mehr als nur Himmel und Erde!

So bekommt ein manch anderer beim Gespräch
eine Art Verdauungsbeschwerde,
fühlend als herrscht in ihm eine gedankliche Elektroherde
tausend entgegenrennender Kavalleriepferde.

Doch du ließt dich niemals beirren
und bliebst der Wahrheit treu.
All dies ohne auch nur die geringste Scheu!

Die Menschen haben lange Zeit vergessen,
wer sie wirklich sind,
vergessen ihr ewiges göttliches Kind.
Gefüttert wurden sie mit unzähligen
falschen Informationen,
über viele Jahre, ja gar Äonen.

Doch nun ist es so weit - es ist an der Zeit.
Der Mensch hat endlich entdeckt,
was wirklich in ihm steckt,
lediglich lange von einer riesigen Illusion bedeckt,
die sich geschickt versteckt.

Was und wer wir wirklich sind, ist jener,
der ausnahmslos immer gewinnt!

Der Schöpfer im Herzen,
unser göttlicher Teil,
gänzlich frei von Schmerzen,
der mächtigste Liebespfeil.

Durchdringt alles mit seiner Kraft,
ja die stärkste, die existiert -
die Kraft, die alles in reiner Liebe manifestiert.

Es ist soweit - Du bist bereit.

Anandriel, ich weiß du siehst mich an
und denkst: „Ich kenne diesen Mann!“«

»Ja in der Tat, ich möchte wissen, woher wir uns kennen...
Ich kann es fühlen, die Antwort in mir brennen...
Sie ist kurz davor hinauszurennen...
Erlaube mir, dich noch einmal zu scannen.«

»Schau nicht nach außen, sondern immer nach innen,
nur dort stecken alle Antworten drinnen.
Keine Sorge, sie wird dir nicht entrinnen,
denn mit innigem nachsinnen wirst du beginnen
dich wieder der Antwort zu besinnen.

Hab Vertrauen und genügend Wille,
dann erkennst du die Wahrheit in der Stille.«

„Im stillen Schweigen bat ich Gott, es mir zu zeigen
und schon spürte ich die Antwort in mir emporsteigen.
Es klang wie tausend himmlische Geigen,
gefolgt von einem süßen Duft der reinsten Feigen.

Ein Konzert der Himmelspforten,
ich muss sie nur noch richtig orten...
Doch was ist das? Ich sehe lauter Erdbeertorten?!"

»Ein kleiner Scherz in allen Ehren,
um zu beheben, die Gedankenbarrieren.
Schließlich kenne ich deine Liebe zu den Erdbeeren,
so weichen im Glanze der Liebe alle inneren Beschwerden.«

»Wie wahr, durch Druck ließ ich es mir selber erschweren,
ließ mir die Antwort selber verwehren.
Doch nun kann ich die Blockade überqueren
und zur Besinnung zurückkehren.

Mein Herz, oh Himmel, ich kann es spüren,
es will mich zu der Antwort führen.
Ich kann es fühlen, ja sogar sehen,
habe die Antwort direkt vor mir stehen.

Oh schau mein Herz, nun öffnet es sich ganz weit,
hüllt ein mein Leib in des Lichtes Kleid.
Nahtlos strahlt es ewig rein,
hüllt mich in Gottes Liebe ein.

Nun ist es klar, ich kann es sehen,
dich in meinem Herzen stehen.
Warst immer da und niemals fern,
bist eins mit meinem inneren Kern.

Ohja, ich kann es deutlich erkennen,
kann dich sogar beim Namen nennen.
Saint Germain, ganz einheitlich,
stehen wir hier, du und ich.«

»Immer war ich da, in deiner wundervollen Inkarnation.
niemals fern - Anandriel - mein geliebter Sohn.

Nicht mein Fleisch und Blut,
sondern Herz und Seele,
Voller Kraft; Liebe und Mut,
eine Erkenntnis, die dir nie wieder Fehle.

Sprach zu dir aus dem Unsichtbaren,
in Form der fortgeschrittenen Kommunikation,
Eine Stimme im Geist - in all den Jahren,
mit dem Herzen verschweißt - wahrliche Inspiration.

Nun hast du erfüllt, deine Mission,
so steige wieder auf den göttlichen Thron.
Empfange den Segen deiner mächtigen ICH BIN Präsenz,
dein wahres Selbst, deine Gott-Essenz.

Der Herrscher jedes Elements,
die Quelle jeder Weisheit.
Die Existenz in jeder Herzfrequenz,
zu jeder Zeit Vollkommenheit.

Die ewige Güte, das ewige Licht,
die endlose Kraft, die dein Wesen wieder freispricht.

Die unendliche Intelligenz,
nur diese wird dich jemals emporheben,
in den Zustand göttlicher Transzendenz,
die Auferstehung und das Leben.

Nun eile geschwind, mein Wunderkind,
denn es ist soweit, du bist bereit.
Du hast erfüllt, deine große Mission,
so lasse beginnen, die lang ersehnte Transformation.«

Danksagung

Ehrlich und aufrichtig bedanke ich mich
bei meinen geliebten Seelenführern,
die mich in den magischsten Arten und Weisen
durch dieses Buch begleitet haben.

Ein ganz besonderer Dank gilt meiner
geliebten Mutter, Rosa.

So unterschiedlich wir auch sein mögen,
unser Herz verbindet uns auf ewig!
Ohne dich hätte dieses Buch niemals
seine Vollendung gefunden!

Über den Autor

Ja, wer bin ich eigentlich?
Zu Diensten, Yannic Prochnow heiße ich.
Schüler des Lebens, Kind der Natur,
wissbegierig stets Weisheiten auf der Spur.

Bemüht die Wahrheit ohne Furcht zu verkünden,
um das Licht Gottes auf dem Planeten zu entzünden.
Die Flamme der Liebe im Herzen entfachen,
und der Menschheit helfen, wieder zu erwachen.

anandriel.com

Printed in France by Amazon
Brétigny-sur-Orge, FR

17670900R00123